ADRI CONTRERAS

ELIJO CREER

ADRI CONTRERAS

ELIJO CREER

mr

Edición y fijación del texto: Rodrigo Palacios, 2024

Diseño de la cubierta: Planeta Arte & Diseño
Diseño de interior: Pedro Viejo

Ediciones Martínez Roca, sello editorial de Editorial Planeta, S. A.
Diagonal, 662-664, 08034, Barcelona (España)
www.mrediciones.es
www.planetadelibros.com

Primera edición: mayo de 2024
Depósito legal: B. 7.196-2024
ISBN: 978-84-270-5250-5
Preimpresion: Safekat, S. L.
Impresión y encuadernación: Liberduplex
Printed in Spain - Impreso en España

PEFC
PEFC/14-38-00305
Certificado PEFC
Este libro procede de bosques gestionados de forma sostenible y fuentes controladas
www.pefc.es

ÍNDICE

UNAS PALABRAS SOBRE **ADRI CONTRERAS**

Desde que somos pequeños nos dicen muchas frases que suenan a tópico y que no siempre se cumplen. Hay una que retumba en mi cabeza cada vez que pienso en la evolución de Adri: «Quien la busca, la consigue». Es la típica frase que muchas veces te dicen, en mi opinión, de forma equivocada. Y es que hay veces que por mucho que lo busques, te esfuerces o lo intentes... no tienes por qué alcanzar el objetivo pretendido. Quien la busca no siempre la consigue.

No siempre podemos aplicar todos los dichos y enseñanzas que nos han metido en la cabeza desde pequeños... Pero el ca***n de Adri es un ejemplo de tenacidad. Él lo ha conseguido.

Cuando le conocí era un chaval timidín que trabajaba en *El chiringuito* y que, pese a estar en el programa futbolero de televisión más seguido de España, soñaba con poder vivir algún día de las redes sociales y las plataformas digitales. «Lo tiene jodido», pensaba yo por aquel entonces cuando, tomando un café, me iba contando sus sueños y aspiraciones a la vez que se ofrecía a trabajar con nosotros.

Este es un mundillo muy complicado en el que debes aunar muchas características que, en ese momento, yo pensaba que Adri no tenía. En primer lugar, él sabía que quería vivir de crear contenido. El objetivo final estaba bien definido, detalle clave. Pero claro, no tenía ni idea de cuál podría ser el camino para conseguirlo.

¿Y qué hizo él? Empezó a probar. Subía vídeos a YouTube, pero sin una idea final clara; un poco de aquí, un poco de allí..., de todo y de nada. No le funcionaba lo que hacía, no conseguía conectar con la gente, y yo, que por entonces me dedicaba a crear talento en redes sociales, tampoco tenía ni idea de cómo podría triunfar (entendiendo «triunfar», en este contexto, como llegar a una gran audiencia).

En aquellos primeros momentos yo no creía en él..., pero él, en cambio, siempre creyó en sí mismo. Esa fortaleza mental le hizo avanzar paso tras paso, definiendo y encontrando su camino.

Un día me invitó a un café y me confesó que era un enamorado de los proyectos que realizábamos: desde la revista *Kaiser Football*, mi primer proyecto periodístico durante la universidad, hasta los canales de YouTube de *Campeones* o *Charlas de fútbol*. Se acordaba de muchos de los vídeos y me iba enumerando sus favoritos. En ese punto, él lo tenía claro. Si surgía una vacante, estaba dispuesto a dejar su trabajo de entonces con tal de participar en nuestro proyecto.

Más adelante, en enero de 2019, me envió un mensaje: «¡Juan! ¿Qué tal todo? El día que puedas, ¿te parece si quedamos para tomar algo y hablamos un poco del tema YouTube y demás?». En aquellos tiempos el trabajo me tenía absorbido, hacía jornadas maratonianas en la redacción y casi no me daba la vida..., así que...

Como te estarás imaginando, sí: le fui dando largas. A ese mensaje y a los que me iba enviando después. Uno detrás de otro. Cada semana. No paraba el tío... «¡Afortunadamente!», pienso ahora. Porque así, de esa manera, Adri Contreras llegó a mi vida. Se abrió una vacante y no lo dudé. Adri sería el elegido. Era un tío implicado, trabajador, que conocía el proyecto, con ganas de aprender y, sobre todo, buena persona.

Encajó en el equipo muy pronto; los chicos le acogieron con los brazos abiertos y enseguida pasó a ser uno más. Se apuntó a los viajes que organizábamos, ya fuera por trabajo o de vacaciones, y nos mostró lo mejor de sí mismo en el día a día. Adri se había ganado el corazón de todos los compañeros. Él sabía que estaba en un proceso, que solo debía trabajar duro sin pisotear a nadie y que las cosas buenas irían llegando. Y así fue. Siempre que me preguntan cómo era él en aquellos momentos de *Charlas de fútbol* digo lo mismo: «Adri era un desastre». Se le olvidaban las cosas en la oficina, se despistaba fácilmente, editaba el video que no tocaba... Creo que es la persona a la que más broncas he echado en mi vida. No había semana que no le cayera una buena, aunque, obviamente, siempre de forma constructiva. Adri sabía encajar los golpes. Lo aceptaba cuando sabía que no lo había hecho bien y se prometía mejorar para la siguiente ocasión. Y así lo hacía.

Llegó el confinamiento y nos tocó reinventarnos. Dejamos la oficina en la que desarrollábamos el proyecto y cada uno empezó a trabajar desde su casa. Fue en aquellos meses de encierro cuando Adri comenzó a apostar fuerte por TikTok. Vio la oportunidad y no la desaprovechó. Una plataforma en auge gracias al encierro al que nos vimos obligados en aquella época.

Hacía vídeos de fútbol y de opinión. Sin parar. Uno detrás de otro. Pronto vimos que había encontrado un nicho de mercado porque, antes de darnos cuenta, ya tenía cientos de miles de seguidores. Y aquello no fue de la noche a la mañana. Requirió de mucho trabajo, de sacrificio y de constancia para grabar incluso los días en los que no le apetecía nada.

Su determinación le llevó, unos meses después, a alcanzar el millón de seguidores. Tenía que dedicarle más y más tiempo hasta que vio que no podía compaginar las dos cosas. Y fue honesto conmigo. Un día me propuso hablar y me dijo: «Ahora mismo estoy hasta arriba y siento que no consigo llegar a todo. Antes que fallarte por intentar lo imposible, prefiero dejar aquí *Charlas de fútbol*». Lo entendí y me alegré por él. Lo había conseguido; aquel objetivo inicial que tenía, y en el que ni yo mismo creía, se había hecho realidad. No podía estar más orgulloso por él.

Mantuvimos el contacto y, tiempo después, me comunicó otra noticia. Gerard Piqué le había contactado y quería que fuera presidente de un equipo en una nueva liga de fútbol 7 que prometía revolucionar el mundo del *streaming*. Adri quería que yo fuera el entrenador de su equipo. Y me insistió hasta que acepté. Nunca, ni en mis mejores sueños, podría haber imaginado que cuatro meses después de decirle que sí, viviríamos una final —la de nuestro equipo— nada más y nada menos que en el Camp Nou. Y así fue como me planté en aquel histórico estadio, abarrotado por más de noventa mil personas, para conquistar la primera Kings League de la historia.

Aquel día, tras fundirnos en un largo abrazo, le miré feliz mientras reflexionaba: «Mira al "desastre" este... Solo él creyó en sí mismo y no paró de trabajar hasta llegar a lo más alto». Qué bonita es la vida y cuánto merece la pena luchar por lo que uno desea...

Juan Arroita

PRÓLOGO
DE PEDRO BENITO

22 de diciembre de 2020.

Aún lo siento como si hubiese ocurrido hace tan solo un par días.

Salía del coche en la Gran Vía de Madrid, abrigado hasta arriba y con la mascarilla puesta, para conocer a uno de esos chavales que había conocido por TikTok.

Todos esos meses de cuarentena, sin poder salir de casa, fuimos varios los que nos atrevimos a compartir contenido en redes sociales sin llegar a saber realmente cómo nos iba a cambiar la vida.

A lo lejos divisé una mano intentando llamar mi atención. Era él. Con su chaqueta deportiva, su mascarilla del Ibiza y el móvil en mano (probablemente estaría subiendo un tiktok). Estaba saludando al mismísimo Adri Contreras.

Aunque, si te digo la verdad, aquel momento fue lo más normal del mundo. Habíamos hablado alguna vez por redes y nos habíamos caído bien, pero creo que ninguno de los dos imaginábamos la amistad que se iba a forjar desde ese día.

Caminamos durante horas por todo Madrid. Aunque creíamos que nuestro único tema de conversación sería TikTok, cómo estaba funcionando la plataforma y el mejor momento para subir un vídeo..., acabó siendo una charla de lo más profunda sobre todas nuestras experiencias, anécdotas y situaciones personales.

Parece increíble, pero, en solo unas horas, sentí como si conociese a Adri de toda la vida. Prueba de ello fue que, desde ese momento, no volvimos a dejar de hablar prácticamente ni un solo día.

Y así fue como conocí a mi mejor amigo, hoy ya mundialmente conocido como Adri Contreras.

Desde ese día hemos vivido mil y una aventuras juntos: viajes, partidos de fútbol, festivales... y miles de momentos que no cambiaría por nada en el mundo. Y es que es increíble ver cómo todo aquello de lo que hablábamos y con lo que soñábamos aquel 22 de diciembre de 2020 se está haciendo realidad; y que, además, estamos viviendo el camino codo con codo.

Eso es lo más bonito de todo. Desde que nos conocimos, no recuerdo un solo momento del que Adri no haya formado parte. A pesar de estar en la distancia, siempre se ha alegrado de mis éxitos como si fuesen suyos, y me ha acompañado en mis fracasos para volver a darme impulso.

Ese es el verdadero Adri Contreras. Una persona que da todo lo que tiene por su gente cercana, que siempre está buscando la manera de ayudar y que no deja de hacerlo hasta que ellos también cumplen sus objetivos.

Adri es la representación del esfuerzo y de la constancia, de no parar hasta conseguir lo que se propone y de buscar la solución a cualquier problema que se interponga en el camino.

Una persona con una infinita pasión por lo que hace y por mejorar día a día. Un inconformista por naturaleza, un animal competitivo que, incluso estando de vacaciones, me escribe para saber mi opinión sobre cuál es el mejor título para su nuevo vídeo... (deja de trabajar un poquito chico, que estás en Ibiza).

Aquel día en el Camp Nou, tu penalti delante de noventa mil personas con un peluche con mi cara en la mano fue el gol que más he gritado en mi vida.

Porque, amigo, quiero que sepas que todos tus éxitos siempre los sentiré como míos.

Es un orgullo acompañarte en este camino y ver cómo cumples todo lo que te propones. Por mi parte, seguiré gritando todos tus goles, dándote mi opinión sobre el mejor título para tu nuevo vídeo o, yo qué sé..., lo que haga falta.

Pase lo que pase, siempre juntos, *pa*. Gracias por ser como eres y por enseñarnos tanto cada día.

Te quiero mucho...

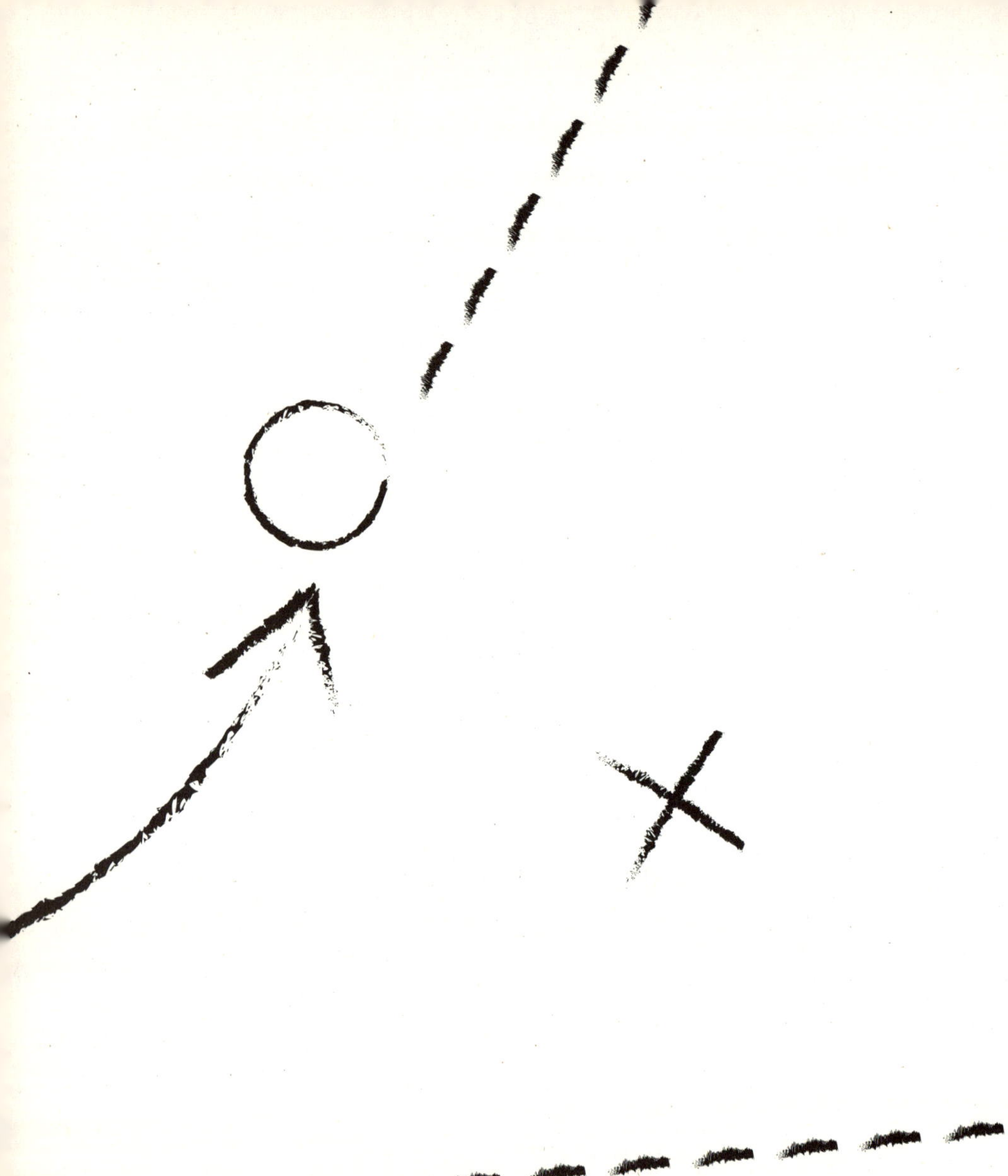

EL MENSAJE

CAPÍTULO 1

1

Aquel día estaba **un poco triste** y no esperaba buenas noticias. Así de **claro.**

Acababa de quedarme fuera de la Streamers Cup, un evento de baloncesto de tres contra tres organizado por Ibai Llanos. Iba a participar un montón de gente de las redes. Pero yo no. Y eso que lo había intentado todo...

Soy una persona perseverante; cuando quiero conseguir algo, no dejo de intentarlo hasta que lo logro. Por mucho que me cueste. Esta vez, sin embargo, no quedaba ninguna posibilidad. Había hecho todos los movimientos imaginables, muchas llamadas y muchos mensajes a personas cercanas a Ibai. Sin resultado.

«Lo sentimos. Los equipos están cerrados».
«Todo está ya atado y bien atado».
«Tal vez el año que viene...».
Me di por vencido, y mira que me cuesta...

Lo estoy contando como si hubiera ocurrido hace mucho tiempo, pero no fue hace tanto. Finales de 2022. En aquel momento, las cosas me iban bastante bien en TikTok. Ya tenía algunos millones de seguidores, y no había sido fácil llegar hasta allí. Nunca es fácil. He visto a mucha gente quedándose por el camino. Conformándose.

Pero tenía claro que ese no iba a ser mi caso; yo soy inconformista por naturaleza. Siempre me ha caracterizado la ambición por superarme cada día. Siempre tengo una nueva meta en el horizonte; un motivo para levantarme con ganas cada mañana y ponerme a trabajar, dar vueltas a nuevas ideas y seguir al pie del cañón.

Empecé en TikTok durante la pandemia. Era una red social relativamente nueva. Entré y me puse a curiosear. Todo eran bailes, bailes y bailes. Nadie subía contenido de deportes. Ni siquiera de fútbol. Aquello me llamó la atención.

Entonces, se me encendió la bombilla. Podría intentarlo yo, a ver qué pasaba...

Empecé a fijarme en los *trends*. Por si no te suena el nombre, un *trend* de TikTok es una melodía muy corta que la gente baila hasta que, de repente, la música se detiene o pega un subidón, y es entonces cuando hay que hacer algo: señalar un objeto, a una persona, responder a una pregunta. Lo que sea.

Había muchas variantes en las que la gente se movía y, cuando la música «rompía», señalaban a un lado y respondían cosas como su comida favorita, su película favorita, su personaje favorito, su edad, su nombre...

Yo hacía lo mismo, pero llevándolo a mi terreno: los siete mejores futbolistas de la historia, los siete mejores jugadores actuales, los mejores jugadores italianos, españoles, alemanes...

Funcionó bastante bien. El primer vídeo tuvo cien mil visitas, que se dice pronto. Y seguí fijándome en los siguientes *trends*.

Apareció otro en el que había que elegir entre dos opciones: frío o calor, perros o gatos, playa o montaña... Yo lo adapté eligiendo entre Messi o Cristiano, Mbappé o Neymar... Cosas así.

En aquella época, hacía dos o tres vídeos al día. A veces cinco. Que ya me parecían muchos.

Hay que tener en cuenta que TikTok no era lo que es ahora; había menos posibilidades. Después evolucionó y me preocupé por seguirle el ritmo. Añadieron la opción de responder a los comentarios en vídeo. Añadieron nuevos efectos. Las cosas mejoraban.

Hice contenido más variado y sin sumarme necesariamente a los *trends*, sino buscando también mi propio estilo, con noticias de fútbol, crónicas, opinión...

Aumenté la frecuencia con la que subía vídeos, hasta que llegué a los veinte diarios. Era un buen número; se convirtió en la cifra estrella. No es que tomara la decisión de cumplir con esa cantidad, sino que ocurrió de forma natural. No me iba a dormir tranquilo si aquel día no había hecho veinte publicaciones. Esos eran mis «deberes». Con veinte al día, el canal no dejaba de subir.

No había estrés; me gustaba aquel reto. En aquella época trabajaba como editor de vídeos de YouTube para *Charlas de fútbol*, pero aún no publicaba en mi propio canal con tanta frecuencia como lo haría más adelante. Estos eran los principios, por así decirlo. Me había marchado a pasar el verano a casa de mi madre, en Salou, para no sufrir con el calor de Madrid durante el confinamiento. Así que estaba entregado a la causa. Publicaba y publicaba. Mi contenido consistía en información, opinión y entretenimiento. Todo sobre fútbol.

Una de las claves de mi éxito fue ser el pionero hablando de fútbol en TikTok en España. Manteniendo aquel ritmo es como llegué a recibir el premio de TikTok España al mejor *tiktoker* en la categoría de Deportes en 2021.

Pero nada de eso pareció tener importancia cuando llegó aquel día de finales de 2022. Me quedaba fuera de la Streamers Cup. A decir verdad, los *tiktokers* siempre lo hemos tenido un poco difícil para entrar en los eventos de los *streamers*. Por suerte, todo eso está cambiando. Pero aquella vez me resultó imposible llegar hasta Ibai.

Recordaba haberle entrevistado una vez, cuando yo trabajaba en *El chiringuito de Jugones*, en La Sexta. Ese era todo el contacto que había tenido con él hasta entonces.

Me tiré en la cama a ver el móvil, tratando de distraerme, y me encontré con un mensaje pendiente desde hacía dos horas en Twitter. ¡A saber quién me había escrito...! Tenía cuenta en Twitter, pero prácticamente no la usaba.

Lo abrí y se me escapó una sonrisa. Era de un tal Gerard Piqué... Sí, hombre, ¿y qué más? Fijo que era *fake*.

Entré en la cuenta desde la que enviaban el mensaje y me llamó la atención la buena pinta que tenía para ser falsa. Ahora me ofrecería dinero, seguro, o participar en un sorteo para el que solo yo había sido seleccionado. Como si lo viera...

Pero la cuenta tenía el *tick* azul que indica que se ha confirmado la identidad de un perfil. Me incorporé un poco en la cama: «Gerard Piqué, veinte millones de seguidores».

«Espera, espera, ¡que este tío es Piqué de verdad!».

Volví a leer el mensaje, porque la primera vez lo había visto muy rápido, sin casi hacerle caso:

«Adri, espero que estés bien. Me gustaría hablarte de un proyecto muy grande que estamos haciendo. Este es mi teléfono. Hablamos cuando puedas».

Lo leí una vez más, porque no me lo podía creer. ¿Me estaba escribiendo a mí de verdad? ¿Y me daba su número? ¿Y quería que le respondiera?

Después del *shock* inicial, traté de encontrarle algún sentido a aquello. Esto tenía que estar relacionado con el torneo de baloncesto, porque Ibai lo organizaba en compañía de Piqué.

¡Toma ya! ¡Todavía podía entrar!

Se me pasó el bajón de golpe y le conté a varios amigos lo que acababa de pasar, pero todos me dijeron más o menos lo mismo:

—Eso no puede ser por el torneo de baloncesto. ¡Qué va! Eso es otra cosa.

—¿Y qué va a ser? —preguntaba yo.

—Ni idea, pero lo del baloncesto seguro que no —decían—. Eso está cerrado. Además, él te habla de un proyecto «muy grande». Tiene que ser algo distinto. Venga, escríbele.

Mandé un wasap a Piqué y me respondió con un audio en el que decía que acababa de salir de un entrenamiento, porque al día siguiente tenían partido de Champions League.

Me pareció una situación un poco surrealista. Estaba chateando con un jugador del Barcelona que también había sido internacional con la selección española y que hablaba con total naturalidad de un partido en una de las competiciones más importantes del mundo. Seguía sin poder creer lo que estaba pasando...

Después, Piqué proponía organizar una reunión en un par de días en compañía del director de... lo que fuera que estaban montando, porque yo todavía no sabía nada.

—De acuerdo —respondí—. Por mí perfecto.

—Estamos buscando un hotel en Madrid para reunirnos contigo —añadió él.

En aquella época ya volvía a vivir en Madrid, y me encontré ofreciendo mi casa para la reunión.

—Tengo una mesa bastante grande en el salón —dije—. Si no encontráis otro sitio, podemos hacerlo aquí.

No les pareció mal.

Dos días después entraba por mi puerta Oriol Querol, el CEO de la misteriosa organización de la que habían venido a hablarme.

Piqué se conectó en remoto. Cuando le vimos aparecer en la pantalla, puso cara de extrañeza. Las primeras palabras que intercambiamos también fueron surrealistas.

—¿Qué haces con el árbol de Navidad ahí detrás? —preguntó.

Se refería a un abeto canijo que había a mi espalda, al lado de la tele.

—Nada —dije—. Larga historia.

En realidad, no había ninguna historia. Compré aquel árbol por Wallapop para la primera Navidad que pasé en aquel piso. Y ahí se quedó para siempre. Nunca lo quitamos.

Desde el principio de la charla, me sorprendió todo lo que Piqué conocía sobre mí. Seguía mi canal y sabía muchas cosas de mi vida. Sabía, por ejemplo, que acababa de irme a vivir con otros dos *tiktokers*: Xoan Ramos y Gomez Nawer. Estaba enterado de algunos viajes que había hecho y de jugadores con los que había grabado vídeos.

Era una situación inesperada para mí.

Después, entramos en materia y me explicaron todo lo que podían explicar entonces sobre la Kings League: un torneo de fútbol 7 que se jugaría en Barcelona y se retransmitiría online. También me contaron alguna cosa más, aunque aún faltaban detalles por concretar. De un modo u otro, entendí por qué Piqué había hablado de aquello como «algo muy grande». Tenía una pinta increíble.

Los equipos estarían presididos por *influencers* muy conocidos o deportistas de primer nivel: Ibai Llanos, DjMaRiiO, Sergio «Kun» Agüero, TheGrefg...

Así que, en resumen, aquella reunión era para pedirme que yo fuera uno de los presidentes.

Me sentí un poco abrumado; las cosas como son. Acababa de quedarme fuera de un evento superimportante de baloncesto y ahora me ofrecían la oportunidad de codearme con aquella lista de gigantes ¡para presidir un equipo de fútbol!

¡Era demasiado bueno para ser verdad!

Aun así, me hice el duro y traté de camuflar mi emoción.

—Lo hablaré con mi agencia —dije—, pero sí, la idea me gusta.

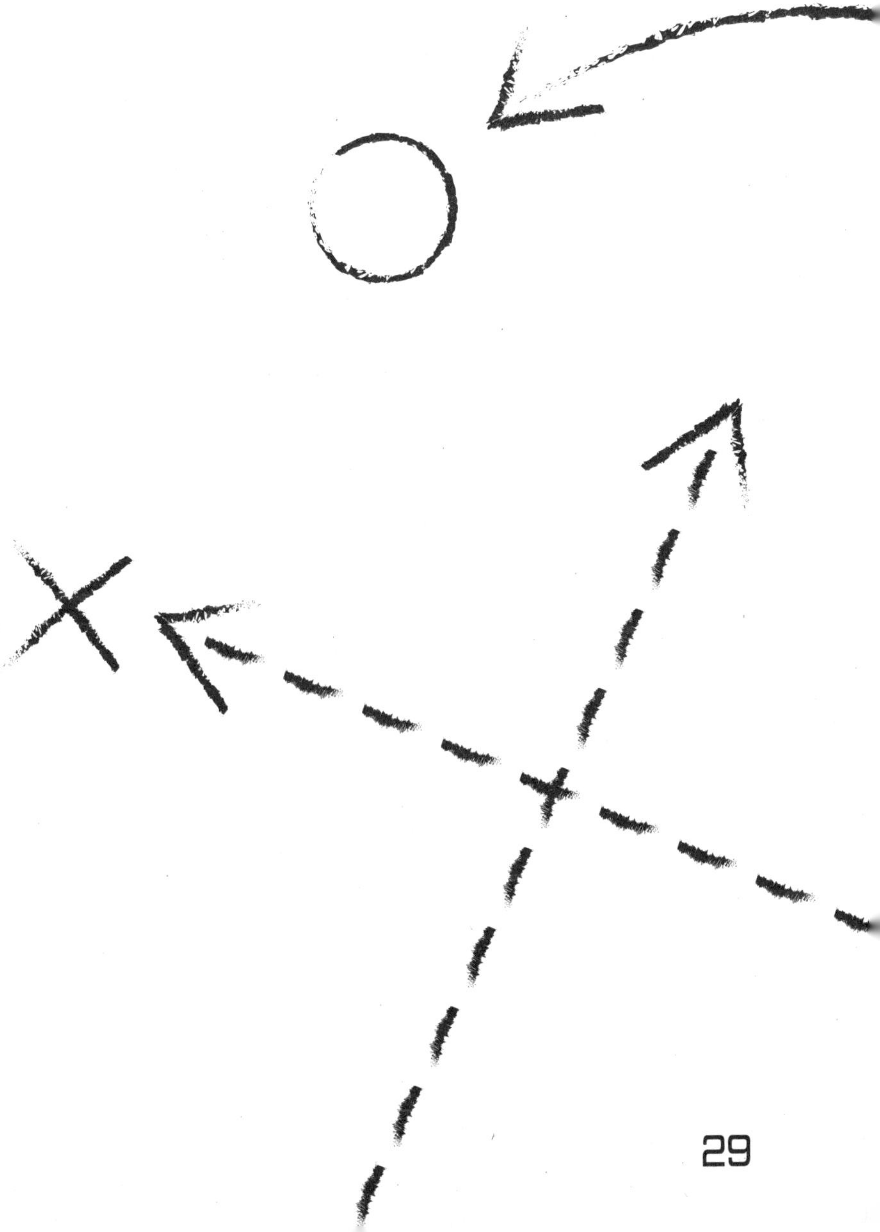

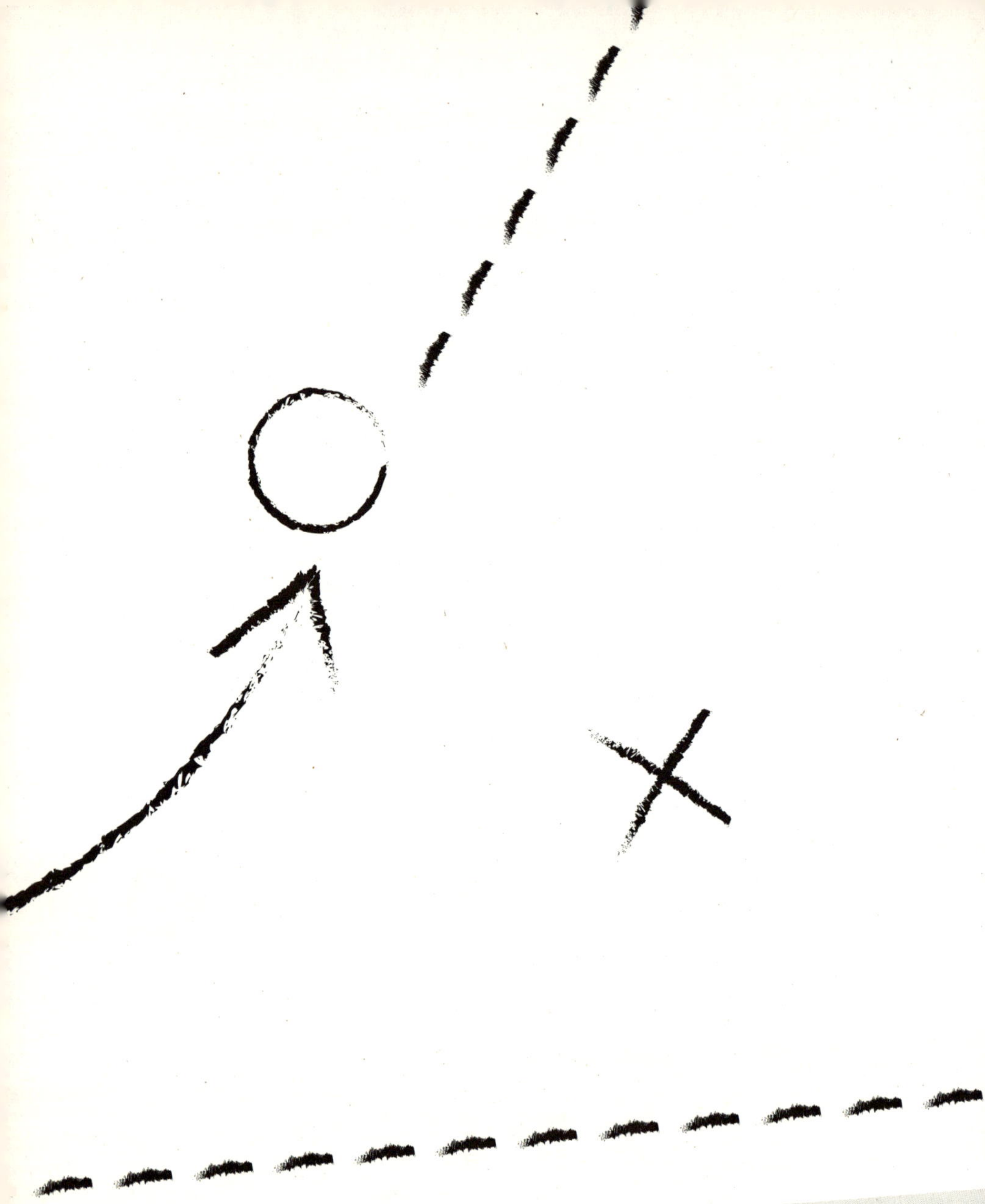

MI BARRIO

CAPÍTULO 2

2

Para entrar en la **Kings League,** había que estar de acuerdo con las condiciones escritas en un **contrato larguísimo** y que me resultaba muy enrevesado. Por suerte, en aquella época había empezado a trabajar con una **agencia** que me ayudaba con estos temas, así que les pasé los **papeles** para que me echaran una mano.

El contrato también les pareció complejo a ellos y tuvieron un montón de reuniones con los de la Kings League. Es lo mismo que ocurrió con el resto de los presidentes.

Al parecer, en un principio habían invitado a once presidentes pensando que alguno diría que no, pero cuando todo quedó claro, todo el mundo estuvo de acuerdo y firmamos los once.

El problema fue que para organizar un campeonato con una fase eliminatoria necesitaban un número par de equipos, así que, a última hora, tuvieron que buscar a un presidente número doce para sumarlo al total. Ese fue el momento en el que Iker Casillas se apuntó al proyecto.

Mientras ocurría todo aquello, yo debía hacerme cargo de otros temas más propios de la creación de mi equipo. Para empezar, tenía que pensar en un nombre y un escudo.

He de que confesar que no se me dan nada bien esas cosas...

Lo primero que se me ocurrió fue usar un nombre parecido al de un equipo que ya existiera. No sé por qué, pero me vino a la cabeza el Reims, del norte de Francia. Además, mi ídolo es LeBron James, de la NBA, y «Reims» rimaba con «James»; así que tal vez pudiera cambiar alguna letra y crear algo parecido a ambos... Sí, podría ser.

¿O no?

NUNCA HE JUGADO **AL FÚTBOL**

A lo mejor te ha llamado la atención cuando he dicho que mi ídolo era LeBron James.

¿SABÍAS **QUE...?**

LeBron James es un jugador de Los Angeles Lakers. Mide 2,06 metros de estatura y su talento y versatilidad le permiten ocupar varias posiciones diferentes dentro de la cancha. Es el máximo anotador de la historia de la NBA y es considerado uno de los mejores jugadores de baloncesto del mundo y de la historia.

Todo el contenido que subo ahora a mi canal es de fútbol y, si tengo que nombrar a un ídolo, hablo mucho más de Messi que de ningún otro, pero, en realidad, cuando era pequeño tenía mucho más contacto con el baloncesto. De hecho, no he jugado nunca al fútbol.

Nací en Madrid, pero mis padres se mudaron a Ibiza cuando yo tenía solo tres meses. Así que allí fue donde pasé mi infancia y, cuando alguien me pregunta, siempre digo que soy ibicenco. Es lo que tiene más sentido.

Vivíamos en la zona centro de Ibiza ciudad, cerca del puerto, en un piso no demasiado grande. Mi colegio era el Sa Real, un centro completamente volcado con el baloncesto. Todos mis amigos y yo nos apuntamos a baloncesto y es el deporte que practiqué desde los cuatro años hasta mi vuelta a Madrid. Era a lo que jugábamos en el colegio y cuando salíamos de él, por las tardes. Algunos fines de semana también tocaba partido.

El equipo de nuestro colegio era el mejor de Ibiza con diferencia. Ganábamos todos los años a todos los demás y en todas las categorías. Luego, viajábamos a las competiciones baleares para jugar contra los mejores de las otras islas (Mallorca y Menorca) y perdíamos siempre. Nos machacaban. Era un baño de realidad.

Yo ocupaba la posición de base porque era de los de menor estatura. Decían que tenía buena visión de juego y que se me daba bien entrar a canasta.

¿SABÍAS **QUE...?**

El base es el encargado de dirigir la ofensiva del equipo facilitando oportunidades de anotación para otros jugadores o, a veces, para él mismo. Aunque también debe saber adaptar su juego a los momentos en los que toca defender.
Su posición puede compararse con la de un centrocampista en el fútbol.

Compartía mi posición con los dos mejores jugadores que teníamos: Joan y Pablo Ramos. Por eso, había temporadas en las que yo jugaba menos minutos, pero sabía aceptarlo; cada uno de nosotros aprendía a hacer lo que era mejor para el equipo.

En otras ocasiones, aquellos dos compañeros eran llamados para jugar en la categoría superior y yo pasaba a tener más tiempo dentro de la cancha.

Guardo muy buenos recuerdos relacionados con el baloncesto. Nuestro patrocinador era un distribuidor muy importante de frutas que una vez organizó un encuentro con jugadores profesionales. Aquel día conocimos a Juan Carlos Navarro, Pau Gasol, Marc Gasol y José Calderón. Eran referentes para nosotros; todos grandes jugadores de la ACB que llegaron a participar en la NBA. Fue algo increíble.

También tengo otros recuerdos no tan buenos, como aquella vez en la que me dieron un cabezazo en la nariz y me dejaron el tabique desviado. Todavía lo tengo así.

Lo mejor de nuestro equipo era que estaba formado por amigos. Nos enfrentábamos a otros que reunían a jugadores de diferentes colegios, pero en el nuestro veníamos todos del mismo lugar, incluso del mismo barrio, y eso lo hacía especial. Ganábamos juntos en Ibiza, perdíamos juntos cuando salíamos de la isla y luego volvíamos juntos a casa. Nunca quedamos los primeros de las competiciones baleares, pero no creo que existiera ningún equipo más unido que el nuestro. Teníamos mucha suerte.

UN PRINCIPIO **INESPERADO**

Como has podido ver, no había fútbol en mi vida por ninguna parte; ni siquiera en casa. A mis padres no les interesaba y tampoco lo veían por televisión.

Mi relación con este deporte llegó por otro lado, casi por casualidad.

Todo empezó siendo yo pequeño. Estaba un día en casa, trasteando con el mando a distancia, cuando, de repente, me encontré con que la imagen del televisor desaparecía y en su lugar surgía una pantalla rarísima con un montón de palabras sobre un fondo con muchos colores: rojo, verde, amarillo y dos tonos de azul. Seguía escuchándose el programa que había estado viendo, pero ahora la imagen era un índice de temas con una letra que parecía escrita por un robot. Era el teletexto. Si no lo has visto nunca, no tendrás ni idea de lo que estoy hablando. Ya no lo usa nadie.

¿SABÍAS **QUE...?**

El teletexto es un servicio de información en forma de texto que se emite junto con la señal de televisión. Fue creado en los años setenta por la BBC y después se fue implantando en otros países.
Sigue funcionando y tiene información similar a la de los periódicos, además de permitir añadir subtítulos a los programas que estás viendo.

El teletexto es una versión rudimentaria de un navegador de internet. Puedes llegar a él pulsando un botón en el mando a distancia que tiene dibujado un cuadrado con tres líneas horizontales. Luego, se puede navegar por su contenido pulsando botones de colores para cambiar de sección o escribiendo los números de las páginas.

Como no tenía ni idea de que eso estaba ahí, me pareció un truco de magia. La tele tenía escondido un espacio secreto que quedaba oculto a la vista.

Buceando en el teletexto es como acabé entrando en la sección de deportes. Y allí había de todo: resultados de partidos, próximos encuentros, clasificaciones... Tenía información sobre fútbol, baloncesto, balonmano, ciclismo, Fórmula Uno, motos...

Me quedé loco y seguí curioseando; nunca había visto nada igual. Todavía no estaba familiarizado con internet; esto ocurrió a principios de los años 2000.

No sé explicar por qué, pero aquella barbaridad de datos sobre competiciones deportivas me hipnotizó, y empecé a revisarlo todos los días. Me colocaba delante del televisor y anotaba lo que me parecía más interesante en una libreta. A mi padre, que tenía un bar, le daban artículos de publicidad de diferentes marcas, y yo me quedaba con los bolis y las libretas. Recuerdo una de color verde, de una marca de cerveza, en la que apuntaba un montón de cosas.

Supongo que aquella fue una primera manifestación de lo que después supe que formaba parte de mi carácter: cuando algo me gusta, me lo tomo muy en serio, incluso aunque se trate de una afición tan sencilla como recoger información sobre eventos deportivos.

El bar de mi padre era, en realidad, mitad bar y mitad cibercafé. Por si no te suena el concepto, un cibercafé es un local con ordenadores en el que, además de tomar algo, puedes conectarte a internet o jugar a videojuegos.

¿SABÍAS **QUE...?**

El primer cibercafé fue el Café Cyberia, que abrió sus puertas en Londres en 1994.
Los cibercafés fueron muy populares a finales de los años noventa y principios de los 2000. Se los conocía con diferentes nombres en cada país: locutorio (Argentina y España), telecentro (República Dominicana), centro de internet (Colombia), cyber (en Venezuela, pronunciado /sáiber/) y cyber (pronunciado /cíber/ en Ecuador). Al principio, eran lugares a los que iba a conectarse todo aquel que aún no tenía ordenador o internet en casa y, más tarde, se convirtieron en sitios de reunión para partidas de videojuegos en grupo. Después, su popularidad cayó poco a poco.

El caso es que yo pasaba bastante tiempo en aquel bar. Algunos fines de semana incluso me levantaba a las seis de la mañana para acompañar a mi padre a abrir, y después pasaba la mañana entera jugando a videojuegos en alguno de los ordenadores o viendo los canales de televisión que no teníamos en casa.

Supongo que tanto contacto con ordenadores desde que era niño ha tenido algo que ver con que después se me hayan dado bien las nuevas tecnologías.

En aquella época, internet no era como hoy en día. Las páginas eran más estáticas; más parecidas a las hojas de un periódico tradicional, con mucho texto, alguna imagen y prácticamente ningún vídeo. Tampoco estaban de moda todavía las redes sociales.

Después del teletexto, descubrí que podía ver el diario *Marca* online en los ordenadores del cíber de mi padre. Tal vez podría haber continuado con mi interés por el baloncesto, pero la inmensa mayoría de la información que se publicaba era sobre fútbol: artículos, crónicas, entrevistas, directos redactados por los periodistas a medida que avanzaba el partido... Aquella gente hacía lo mismo que yo, pero de manera profesional: reunía la información y hablaba sobre ella. Empecé a pensar que podría gustarme aquel trabajo...

Lo que me interesaba no era el fútbol en sí, sino registrar la información para contarla después. Lo anotaba todo como si fuera a escribir un artículo para un periódico, igual que hacían aquellos tipos del *Marca*.

Cuando me hice un poco más mayor, durante la ESO, ya sí que empecé a ver fútbol en televisión con mis amigos. Mis primeros recuerdos son viendo a Ronaldinho haciendo magia en el FC Barcelona. Más tarde llegaría el debut de Messi, del que me convertí en un fan absoluto.

Seguía tomando mis propios apuntes y me fijaba en todo lo que ocurría: las mejores jugadas, los protagonistas del partido, las curiosidades. Otros niños jugaban a ser astronautas, médicos, bailarines, bomberos... Yo jugaba a ser periodista, aunque todavía no sabía que eso se llamaba así.

En el cole, lo pasaba un poco mal con los estudios porque mucho de lo que aprendíamos era en catalán y en mi casa no lo hablaban. Mi padre es de Jaén y mi madre de Almorox, un pueblo de Toledo. Allí era donde iba a pasar los veranos con mis abuelos y mis tíos.

Podría decir que mi infancia fue más o menos siempre igual hasta que mis padres se plantearon su separación, cuando yo estaba en el penúltimo año de secundaria. El plan de mi madre era irse a vivir a Granada conmigo y con mi hermano pequeño, pero prefería esperar a que yo terminase el bachillerato.

Ella es así. Siempre ha buscado el camino que nos lo pusiera más fácil a mi hermano y a mí para lograr nuestras metas. Siempre nos ha colocado por delante de sus necesidades y de su felicidad. Pero ella también es lo más importante del mundo para mí, y yo había visto cosas que no me habían gustado. La veía triste y me costaba encajar que se planteara seguir varios años más con aquella situación solo por nosotros, así que la convencí para que adelantáramos nuestra salida de la isla.

—Has hecho mucho por nosotros, mamá —le dije—. Ahora nos toca a nosotros hacer esto por ti.

Entonces fue cuando tuve que marcharme de Ibiza. No voy a decir que no me diera pena; llevaba allí toda la vida y dejaba atrás un montón de recuerdos: el colegio, el equipo, todos mis amigos...

Por suerte, a ellos no llegué a perderlos del todo. Todavía seguimos en contacto y nos vemos siempre que podemos. Cada vez que alguno viene a Madrid, hago lo posible por pasar un rato juntos. Algunos son seguidores de la Kings League y los he invitado a aparecer en vídeos de mi canal, reaccionando a partidos de mi equipo.

Además, todos los años paso mis vacaciones en Ibiza. No me voy al Caribe ni a destinos exóticos; lo que más me gusta es volver a mi isla y estar con mi gente. Ya no tengo casa allí, porque mis padres la vendieron cuando se separaron, pero cuento con la generosidad de mis amigos, que me acogen cada verano. Casi siempre voy a casa de Pablo, uno de los que me quitaban el puesto en el equipo de baloncesto. A él no le veo durante el resto del año —vive en Estados Unidos—, pero Ibiza es el punto de reunión con él y con muchos de los demás.

YO NO LE PUSE **EL NOMBRE AL EQUIPO**

Después de todo lo anterior, entenderás por qué pensé en buscar un nombre para mi equipo que aunara dos de las pasiones que me habían acompañado durante mi vida: fútbol y baloncesto. Reims y James. Sí, sí, sonaba bien.

Cambié entonces la letra inicial de «Reims» para llamarlo «Xeims». Eso de la X le daba un toque *cool*. Ya estaba casi convencido, pero, por si acaso, llamé a mi mejor amigo: Pedro Benito. Es futbolista del Albacete y antes jugó en Primera División en el Cádiz.

Suelo comentar estas cosas con él. Me dio su opinión más sincera.

—¿Qué clase de nombre es ese? —preguntó.

—¿No te gusta?

—No, ¡nada! —rechazó Pedro. Y enseguida soltó otro nombre. Así, sin más—. Llámalo El Barrio.

—¿El Barrio? —dudé.

—¡Claro! ¡El Barrio, *pa*! —insistió él, como si fuera evidente—. ¡El equipo del pueblo! Tienes que tener esa filosofía, Adri: eres el creador de contenido más pequeño de todos los que han elegido para ser presidentes. Eres el que empieza desde más abajo. ¡Tu equipo tiene que representar lo mismo!

Lo pensé por un instante. Creo que no esperaba un nombre así, pero, de repente, lo vi igual de claro que Pedro. Me gustaba El Barrio. Un nombre humilde para un grupo de gente con ganas de luchar con sus compañeros para sacar adelante algo que parecía imposible. Igual que nosotros cuando salíamos de Ibiza año tras año a seguir intentándolo, aunque no dejáramos de perder. Nos daba lo mismo. No nos rendimos jamás.

Estábamos juntos.

Pedro tenía razón. El Barrio me representaba no solo por lo que había vivido en Ibiza, sino por todo lo que viví después. De una u otra manera, había ido formando mi propio barrio con todos mis amigos; con los que tenía cerca en cada momento y con los que solo podía reunirme en ciertos momentos del año. Era un barrio que nunca dejó de crecer con la gente que se fue añadiendo a lo largo del camino. A algunos los conocí en lugares en los que viví; a otros los encontré a través de las redes.

Yo siempre había pertenecido a un barrio y esa misma filosofía era la que usaría para este proyecto de equipo.

No sé cómo no se me había ocurrido a mí. Quería un nombre que combinara elementos de dos deportes y El Barrio podía usarse para un equipo de cualquiera de ellos. Y de cualquier otro.

Pedro Benito también fue el creador del escudo. Me pasó una foto suya mostrando los dedos cruzados y me pareció un buen símbolo. Un deseo de tener buena suerte. O de trabajarnos nuestra propia suerte.

—Venga, vale, me quedo con eso —acepté—. ¡Vamos a por ello!

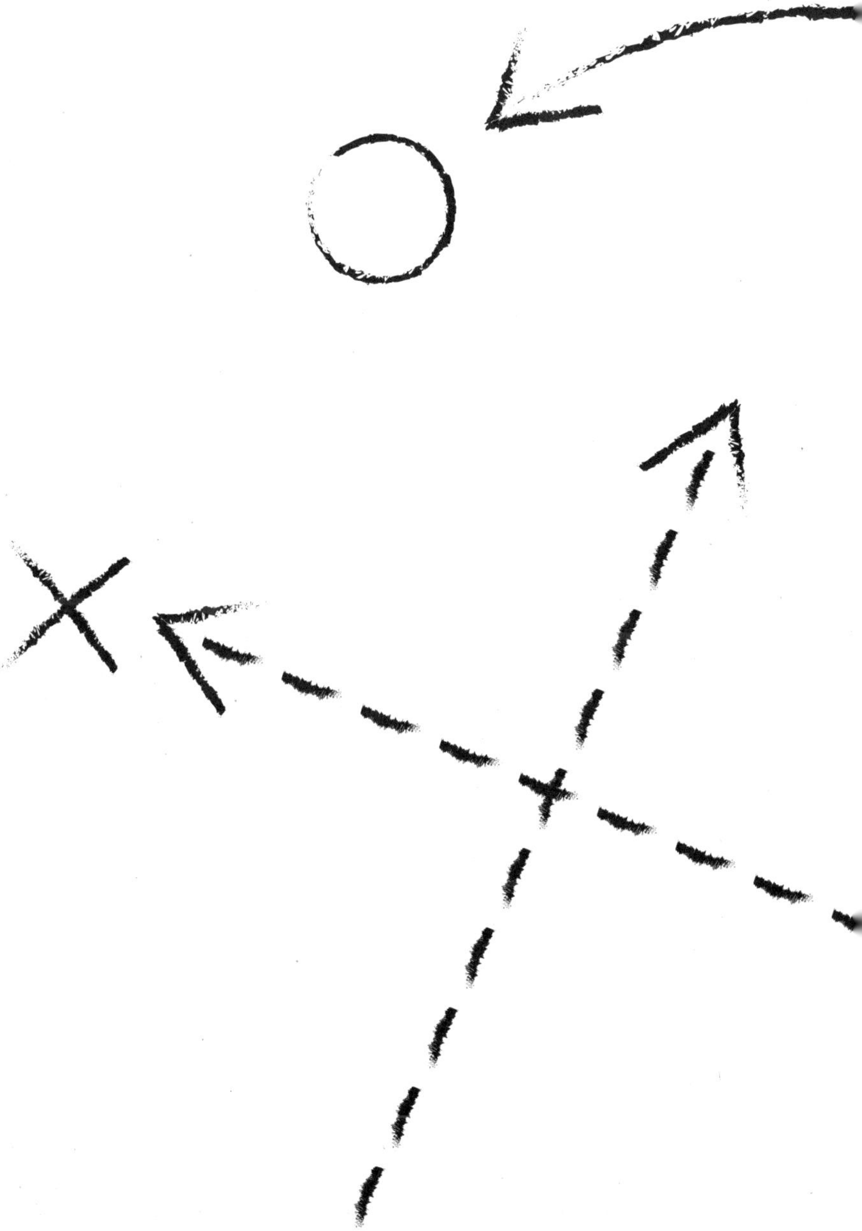

EL NUEVO

CAPÍTULO 3

3

Nos avisaron de que el evento de presentación de la **Kings League** sería el **10 de noviembre,** un día antes de mi cumpleaños. **Ese año cumplía 26.**

Había enviado el nombre de mi equipo y el escudo, pero, en realidad, tenía muy poca información sobre el funcionamiento de la liga. Sabía que era una competición entre equipos de siete jugadores con la intención de modernizar el fútbol. Nada más. No tenía ni idea del alcance que iba a tener. De hecho, llegué a pensar que el proyecto podría terminar por caerse...

Sin embargo, una semana antes del lanzamiento, ocurrió algo que despejó mis dudas. Estaba con unos amigos cuando saltó la noticia.

—¡Eh! Mira lo que dicen aquí: ¡Piqué se retira del fútbol! —comentó alguien mirando el móvil.

—¿Cómo? —pregunté.

Así fue. Sorpresa para todo el mundo. Piqué dejaba el FC Barcelona y el fútbol en general. No se marchaba a ningún equipo en Estados Unidos ni en Asia, como habían hecho otros. Él lo dejaba y se acabó.

Aquello era una señal evidente de que lo de la Kings League iba muy en serio.

Recibí la lista definitiva de presidentes un par de días antes de la presentación. Ese fue el momento en el que se supo que nos quedábamos todos los que fuimos invitados inicialmente, y que habían añadido a Iker Casillas como presidente número doce para completar el número par. El plan seguía adelante.

Nos habían pedido que mantuviéramos el secreto y ahora, a pocos días del lanzamiento, nos pusimos de acuerdo para mandar un aviso en redes; pero era un mensaje que decía poco: que íbamos a anunciar algo grande. Enseguida empezaron las apuestas para ver quién adivinaba lo que teníamos preparado, pero no acertó nadie.

El mismo día de la presentación, Gerard Piqué transformó su perfil de Twitch en el perfil de la Kings League y, a continuación, comenzó el evento.

Yo acababa de saludarle pocos minutos antes de entrar. Le di las gracias por contar conmigo; todavía no me creía lo que estaba pasando.

Era la primera vez que veía a Piqué en persona. A decir verdad, era la primera vez que veía en persona a varios de los demás presidentes. Ellos se conocían y se saludaron de otra manera. Yo me mantuve un poco apartado, por respeto. No me gusta forzar la confianza con la gente.

Los únicos que no pudieron acudir fueron Casillas y Kun Agüero, que aparecieron en remoto cuando les tocó el turno. Los demás fueron entrando uno por uno a presentar el nombre y el escudo de su equipo. Primero llegó Grefg, después Ibai, luego Spursito... Yo iba a entrar casi al final y estaba nervioso, pero decidido.

Al fin y al cabo, no era la primera vez que me tocaba ser el nuevo...

GRANADA

En Granada fui el nuevo en todos los sentidos. No había estado allí en mi vida y no conocía a nadie.

Me marché de Ibiza porque creí que era lo mejor para todos, pero eso no significa que fuera una decisión fácil. Mi adaptación a Granada fue más complicada de lo que había esperado. Tenía quince años y echaba mucho de menos a mis amigos. Estaba en la edad del pavo y discutía mucho con mi madre, que solo buscaba lo mejor para mí.

Por si esto fuera poco, mi madre empezó una nueva relación con Alberto, un hombre que es un encanto y con el que actualmente tengo una relación excelente, pero en aquella época se lo puse muy difícil. Supongo que, hasta cierto punto, era natural; yo acababa de alejarme de mi padre y me costaba asimilar la aparición de alguien a quien yo veía como una nueva figura paterna.

De todos modos, allí también pasaron cosas buenas. Al poco de llegar, entendí que tenía que buscar gente con la que estar, así que usé Tuenti para localizar a posibles compañeros de clase y poco a poco fui haciendo contactos.

¿SABÍAS **QUE...?**

Tuenti fue una red social creada en 2006 y que llegó a ser muy popular en España, superando en número de usuarios a Facebook, Twitter, Instagram y MySpace. Desapareció como red en 2016, aunque el nombre ha quedado como marca de uno de los servicios de comunicaciones de Telefónica.

Igual que ocurrió en Ibiza, el grupo más importante de amigos de Granada se formó en torno al baloncesto. La diferencia fue que en Granada caí en manos de un entrenador. Se llamaba Recaredo y, en poco tiempo, me colocó como líder del equipo. Eso fue lo mejor de aquellos tres años: jugaba un montón y estaba en mi mejor momento. No recuerdo haber jugado nunca tan bien al baloncesto como durante el tiempo que pasé allí.

Me ascendieron de categoría, y era con mis compañeros del nuevo equipo con los que salía después por Granada. Todavía mantengo contacto con algunos; sobre todo con Félix y José. De vez en cuando nos vemos, cuando pasan por Madrid o cuando voy yo a visitarlos.

En aquella época terminé de decidir que quería dedicarme al periodismo, así que luché para sacarlo adelante. Además de jugar al baloncesto y estudiar, escribía. Mucho. Había hablado con aspirantes a periodistas y me habían advertido de que era muy difícil vivir de esta profesión. Si querías conseguirlo, tenías que aprender a escribir con soltura y trabajar más que nadie. Por eso empecé a publicar en un par de blogs sobre fútbol.

Al final de segundo de bachillerato, cuando tocaba plantar cara a los exámenes de paso a la universidad, revisé las notas que tenía e hice cálculos de lo que necesitaba.

Para entrar en Periodismo en la Universidad Complutense de Madrid me hacía falta una nota de siete. Tal y como iba, me valía con sacar adelante los exámenes de las asignaturas generales y con aprobar una de las dos específicas, que eran Matemáticas y Geografía.

Esas dos pruebas se hacían en días consecutivos. La primera era Matemáticas, pero fui bastante tranquilo. Era la que se me daba mejor de las dos, así que sería cuestión de asegurar el aprobado y ya lo tendría. Lo que pasara al día siguiente con Geografía no importaba demasiado.

Pero el examen de Matemáticas fue mal. Un desastre.

Salí del aula con lágrimas en los ojos y dándole vueltas a lo que iba a pasar a continuación. Me iba a tocar repetir los exámenes en septiembre, pero a lo mejor tampoco lo conseguiría entonces y me quedaría sin hacer Periodismo. No me lo podía creer...

Al día siguiente tocaba Geografía y lo llevaba fatal, pero había que dar el todo por el todo. Me puse a estudiar la tarde entera y seguí durante toda la noche. Hice lo que pude. Peleé con aquel examen como una bestia y además improvisé unas cuantas respuestas...

Al salir, no sabía qué pensar. Ya solo quedaba esperar. Y fue una espera agónica.

El día que salieron las notas, estaba nerviosísimo, pero, cuando las vi, me llevé una sorpresa enorme. Aprobé Geografía por los pelos ¡y en el total tenía más de un siete!

Mandé los papeles a la universidad y crucé los dedos. A veces, de un año para otro, sube la nota de corte; nunca se sabe...

Recuerdo perfectamente el momento en el que recibí la respuesta. ¡Me habían admitido en la carrera y en la universidad que quería!

Lo vi en la pantalla del ordenador y me volví loco. Me puse a gritar de alegría. Salí corriendo con el portátil en la mano y se lo enseñé a mi madre.

—¡Estoy dentro, mamá! ¡Me han aceptado! —dije—. ¡Voy a estudiar Periodismo!

Era un sueño cumplido. No había parado de decir lo mucho que lo deseaba. Era un momento para recordar toda la vida.

Pero mi madre no se inmutó. Le cambió la cara, igual que si acabaran de decirle que se había muerto alguien.

—¿Qué pasa, mamá? —pregunté sin entender—. ¿Por qué no te alegras por mí?

Mi madre se puso a llorar. Yo me quedé pasmado; no comprendía nada.

—Lo siento, hijo —dijo—. No sé cómo lo vamos a hacer... No tenemos dinero para que vayas a vivir a Madrid.

El golpe no pudo ser más duro. No me lo esperaba.

Mi madre no me había dicho nada hasta aquel momento, seguramente para no desmotivarme. Pero ella debía de llevar mucho tiempo pensándolo; debía de ser una de esas cosas que se guardaba para sí misma y no compartía conmigo para no hacerme daño. Y ahora, por desgracia, me encontré con la frustración en sus ojos. Aunque no era culpa suya. No era culpa de nadie.

No había nada que hacer.

Me quedé hundido. El sueño terminaba allí.

Pero me resistí a aceptarlo. Esta es otra cosa que, con los años, he visto que forma parte de mi carácter: me cuesta rendirme.

Le di vueltas al asunto y le expliqué a mi madre que estaba dispuesto a lo que hiciera falta; a cualquier sacrificio.

—Como si tengo que ir a vivir a casa de la abuela, en el pueblo de Toledo, y hacer cincuenta horas en autobús —dije—. No me importa.

A mi madre le cambió la expresión. Era una idea un pelín descabellada, pero, al menos, era una posibilidad. Llamó a mi abuela y estuvieron hablando.

—Está bien, hijo —me dijo después—. Si estás seguro de que eso es lo que quieres, podemos intentarlo.

MADRID **Y TOLEDO**

Nuevamente, tocaba cambiar de casa y separarme de mi gente. Esta vez dejaba atrás a mi madre, a mi hermano, a Alberto y a todos mis amigos de Granada para irme a vivir con mis abuelos.

Almorox es un pueblo a noventa kilómetros de Madrid. En coche habría supuesto un viaje de una hora de ida y otra de vuelta cada día, pero a mí me tocaba hacerlo en autobús, que tardaba dos horas. El único que me servía para llegar a tiempo a la universidad salía a las seis de la mañana, así que me despertaba a las 5:30, tomaba el bus, hacía después un trayecto en metro en Madrid y llegaba a clase con media hora de antelación.

Terminábamos a las 13:00 y me tocaba salir corriendo para llegar al bus de las 13:20, de vuelta al pueblo. Si lo perdía, no había otro hasta las 18:00.

Mis compañeros estaban tranquilos; se quedaban a comer cerca de la universidad o iban al parque. Y después salían de fiesta. Pero yo no podía. Aquello me lo puso difícil para integrarme con la gente.

En ese sentido, el primer año fue bastante duro porque estaba muy solo y echaba de menos a mis amigos. Los de Granada se habían quedado allí; y los de Ibiza se habían ido todos a estudiar a Barcelona y vivían en el mismo colegio mayor. Yo ni siquiera me podía permitir un colegio mayor. Los veía saliendo juntos todo el tiempo; compartían fotos en WhatsApp y en redes.

Algunas noches, se me saltaban las lágrimas pensando en lo que me estaba perdiendo y preguntándome si aquel sacrificio merecía la pena...

Me ayudó a sobrellevar la situación el empezar a trabajar para Capital Deporte, una web de información deportiva.

No cobraba nada, pero lo que quería era adquirir experiencia.

Me compré un portátil —el más pequeño y barato que encontré— y lo llevaba conmigo a todas partes. Lo usaba para tomar apuntes en la universidad, pero, sobre todo, para escribir. Escribía siempre que podía: en el bus, en el pueblo, en las clases que me aburría y en los descansos.

Aquel primer año yo era el nuevo en Capital Deporte, así que aún no me dieron acreditación para acudir a ningún estadio. Pero me las apañé para conseguir una.

Conocí al jefe de prensa del Leganés. Era un equipo de Segunda División B que estaba teniendo buena presencia en redes gracias a él. Le hice una entrevista y nos caímos bien. Poco después, me dio acreditación para acudir a su estadio: el Butarque. Era el único sitio para el que logré un pase, pero me parecía increíble; iba siempre que podía. Una vez, llegué a pedir ir de fotógrafo para ver un Leganés-Barça a pie de campo. Y funcionó. Me conocían y me dejaron entrar, así que pude ver a Messi de cerca. Recuerdo también un golazo de Rafinha. Y yo haciendo fotos con una cámara que daba pena, mientras los demás llevaban unos equipos profesionales. Pero me daba igual. Estaba allí para aprender. Y estaba acostumbrado a centrarme en el trabajo, porque me tocaba hacerlo todo a mí.

Para cada partido, primero escribía «la previa» el día anterior. Luego, durante el partido, tenía que hacer la narración en directo, minuto a minuto, en la web. Pero, al mismo tiempo, iba avisando de cada gol en Twitter; siempre con un enlace a nuestra página para captar lectores y que entraran al directo. Y todo eso sin contar con las fotos que subía al inicio, en el descanso y al final. Mientras, iba redactando la crónica que habría que publicar cuando terminara el encuentro. Y luego salía corriendo a cubrir la rueda de prensa. Cuando acababa, además, faltaba un último artículo con las frases más destacadas de esa rueda de prensa.

Aquello fue algo en lo que enseguida noté una gran diferencia con respecto a mis compañeros de universidad: había muchos que escribían mejor que yo, se expresaban mejor que yo o tenían más soltura delante de una cámara; pero ninguno tenía tanta pasión. Ellos se conformaban con hacer lo justo y no iban más allá. Yo tenía más ganas; más hambre. Quería seguir aprendiendo y no paraba de moverme para tener contacto con el periodismo de verdad.

Como premio por mi trabajo durante aquel primer año, Capital Deporte me acreditó para asistir a la Final Four de la Euroliga. Tengo un gran recuerdo de aquellos dos días; un chaval de 18 años presenciando de cerca el evento más importante del baloncesto europeo. No me lo podía creer.

El segundo año conseguí una beca con dinero suficiente para trasladarme a vivir a Madrid, compartiendo un pequeño piso en la zona de Valdezarza. Eso lo cambió todo; fue un salto cualitativo. Desde allí, el transporte era más fácil, así que asistía a todos los eventos posibles. Me asignaron la cobertura del Real Madrid de baloncesto y empecé a acudir al WiZink Center. También iba al Bernabéu o al Calderón cuando me necesitaban en partidos del Real Madrid o del Atleti en fútbol.

El nivel iba subiendo, también dentro de Capital Deporte, donde fui ascendiendo hasta ser coordinador de la sección de fútbol y baloncesto. Y no paraba; hacía todo lo que no podían hacer otros, incluyendo trabajos sobre otros deportes como tenis o waterpolo. Estaba hasta arriba, pero disfrutaba un montón.

Mi vida se centraba en el fútbol y en pasar tiempo con la novia que tenía desde que empecé a vivir en Madrid. Por la universidad pasaba lo justo para seguir aprobando y no perder la beca.

En verano tampoco desconectaba porque era la época de fichajes, un tema que me encantaba. Había mucho de lo que hablar ahí. Cada vez que se anunciaba un fichaje, intentaba ser el primero en informar sobre él. Además, en ningún momento del año me centraba solo en la liga española, sino que procuraba estar al tanto del resto de ligas de Europa. No creo que hubiera nadie más friki que yo. Conocía incluso equipos y jugadores de la Tercera División inglesa.

Aparte de los fichajes, en verano dedicaba tiempo a más torneos, como los mundiales o las eurocopas, pero no solo de fútbol y baloncesto, sino de cualquier otro deporte.

Mis amigos se iban de vacaciones y yo me quedaba en Madrid escribiendo. Y, de todos modos, si me iba a Ibiza, al pueblo o a Salou, que era donde estaba mi madre en ese momento, me llevaba el portátil conmigo.

Una cosa que no he dicho es que quería dedicarme al periodismo a pesar de ser un chico tímido. Cuando tenía que hacer exposiciones en clase, lo pasaba fatal. Pero, en el trabajo, fui ganando confianza poco a poco. Recuerdo lo nervioso que me ponía las primeras veces que hacía preguntas en las ruedas de prensa. Me temblaba la voz.

En este sentido, hubo una vez en que ocurrió algo que fue muy importante para mí. Acudí a la presentación de Kevin Gameiro como nuevo jugador del Atlético de Madrid, y había muchos periodistas preguntándole un montón de cosas, pero nadie le hacía la pregunta que yo pensaba que había que hacerle. El tiempo pasaba y nadie se decidía. No me lo podía creer; así que, finalmente, levanté la mano. Normalmente no me hacían mucho caso, porque daban prioridad a los grandes medios, pero aquella vez me señalaron. Y lo dije.

—Hola, soy Adri Contreras, para Capital Deporte —saludé—. Kevin: todo el mundo esperaba el fichaje de Diego Costa, pero, finalmente, el Atleti te ha fichado a ti. ¿Cómo te tomas, a nivel personal, que pueda haber aficionados del Atlético que hubieran preferido la llegada de Diego Costa en lugar de la llegada de Kevin Gameiro?

Gameiro sonrió y respondió de forma educada. Dijo que lo importante era que él estaba allí, que estaba contento y que haría todo lo que pudiera por el bien del club.

Supongo que es algo parecido a lo que ha ocurrido otras veces en otras presentaciones de jugadores, pero aquella vez lo pregunté yo. Y lo sacaron en todas partes. Se oía mi voz y la respuesta de Gameiro. Ni siquiera salió mi cara, pero para mí fue un momentazo.

De todas las preguntas que hicieron en aquella rueda de prensa, solo pusieron la mía.

Para lo de la timidez, me ayudó mucho empezar a colaborar en la radio de la universidad. Preparaba las crónicas y las leía. Luego, de vez en cuando, comentábamos la información. Todo venía bien para ganar soltura.

Primero entré en un programa de fútbol internacional que se llamaba *Tiempo añadido*. Los lunes hacíamos repaso de las jornadas de las ligas internacionales. Más tarde, se marchó el presentador y terminé ocupando yo su lugar.

Lo más importante, por resumir, es que mantuve el foco en lo que quería conseguir: vivir del periodismo. No tenía dinero para pagar un máster cuando acabara los cuatro años de universidad, así que estaba haciendo todo aquello para terminar la carrera con un trabajo. Luchaba por conseguirlo y, mientras tanto, si me encontraba con algo que no sabía hacer, o que me costaba hacer, lo consideraba como una dificultad contra la que tenía que pelear para seguir avanzando. Sin detenerme. Era parte del proceso, pero el objetivo estaba claro y me motivaba.

Siempre había una primera vez para todo, siempre había nervios, pero siempre se podía trabajar para superarlo.

Y lo de ser el nuevo nunca fue más que un principio para un camino lleno de posibilidades.

NO SABÍAMOS **CASI NADA**

Algo parecido estaba pensando cuando me dieron entrada al plató en el día de la presentación de la Kings League. Yo era el menos conocido, seguramente, de todos los que estaban allí. Pero eso no era lo importante; lo importante era que habían contado conmigo y estaba dispuesto a demostrar que iba a poner todas mis ganas.

Entré en el plató, firmé el balón que habían firmado los demás presidentes y tomé asiento. Enseguida empezaron con las bromas sobre lo de que, siendo yo un *tiktoker*, haría bailes para celebrar los goles. Había buen ambiente; creo que quedó divertido.

Cuando anuncié el nombre y el escudo de El Barrio, el comentario más repetido fue que sonaba a equipo humilde. Yo pensé que nos definía mejor la palabra «modesto», porque éramos el equipo con menos recursos. Yo era el menos conocido de todos los que estaban allí. Me ganaba la vida con lo que hacía, pero sin ningún exceso. No iba a tener dinero para gastar en mi equipo, mientras que los demás estaban muy por encima de mí en ese sentido. Tenían presupuesto para contratar un *staff* que les ayudara a organizarlo todo. Lo mío iba a ser un reto mayúsculo.

Aun así, saqué pecho y les avisé de que éramos humildes, sí, pero veníamos con intención de ser los matagigantes.

A continuación, presentaron el calendario de partidos, explicaron que la liga estaría dividida en dos temporadas o *splits*, comentaron la duración de los partidos y dejaron caer que, en breve, se pondría en marcha la versión femenina del torneo: la Queens League.

En aquel momento no teníamos jugadores ni jugadoras. Explicaron que, antes de que empezara la liga, tendría lugar un *draft*, al estilo de la NBA, en el que podría inscribirse cualquiera. Se elegirían ciento veinte jugadores de entre los participantes para poner a disposición de los equipos, que elegirían a diez jugadores cada uno.

¿SABÍAS **QUE...?**

El *draft* de la NBA es el procedimiento con el que los equipos eligen a los jugadores que participan por primera vez. Hay varias reglas de funcionamiento, pero la idea central es que el primer equipo en elegir jugador sea el que quedó último en la temporada anterior, para garantizar que no existan grandes desequilibrios entre los equipos.

Además, cada presidente contaría con la posibilidad de añadir dos jugadores más —el 11 y el 12— que podría sacar de cualquier sitio y que entrarían a jugar sin pasar por ningún *draft*, ni por pruebas físicas, ni de ninguna clase. Podrían ser incluso jugadores profesionales que vinieran temporalmente a participar en la Kings League.

La gente que estaba viendo el programa supondría que nosotros ya habíamos sido informados de todo aquello, pero no sabíamos nada. Nos estábamos enterando al mismo tiempo que el resto del mundo. Y lo mejor era que aún quedaban cosas por decidir. Las reglas oficiales estaban pendientes de definir y no teníamos ni idea de cuáles serían. Solo nos dijeron que iban a ser normas que no se habían visto nunca antes en el fútbol tradicional.

Tampoco el despliegue técnico tendría nada que ver con el del fútbol de siempre: en esta liga habría cámaras y micrófonos por todas partes para que los espectadores pudieran ser testigos de lo que se hablaba en el vestuario antes de salir, y de lo que el entrenador les decía después a los jugadores durante el partido.

Yo permanecí bastante callado durante aquella presentación. Estaba pensando en todo lo que teníamos por delante.

Primero vendría un parón para dejar espacio al Mundial de Catar, pero, a la vuelta, aquello se pondría en marcha muy deprisa. Estábamos en noviembre y la Kings League empezaba en enero.

Mucho trabajo por hacer en poco tiempo. El Barrio tenía que empezar a tomar forma.

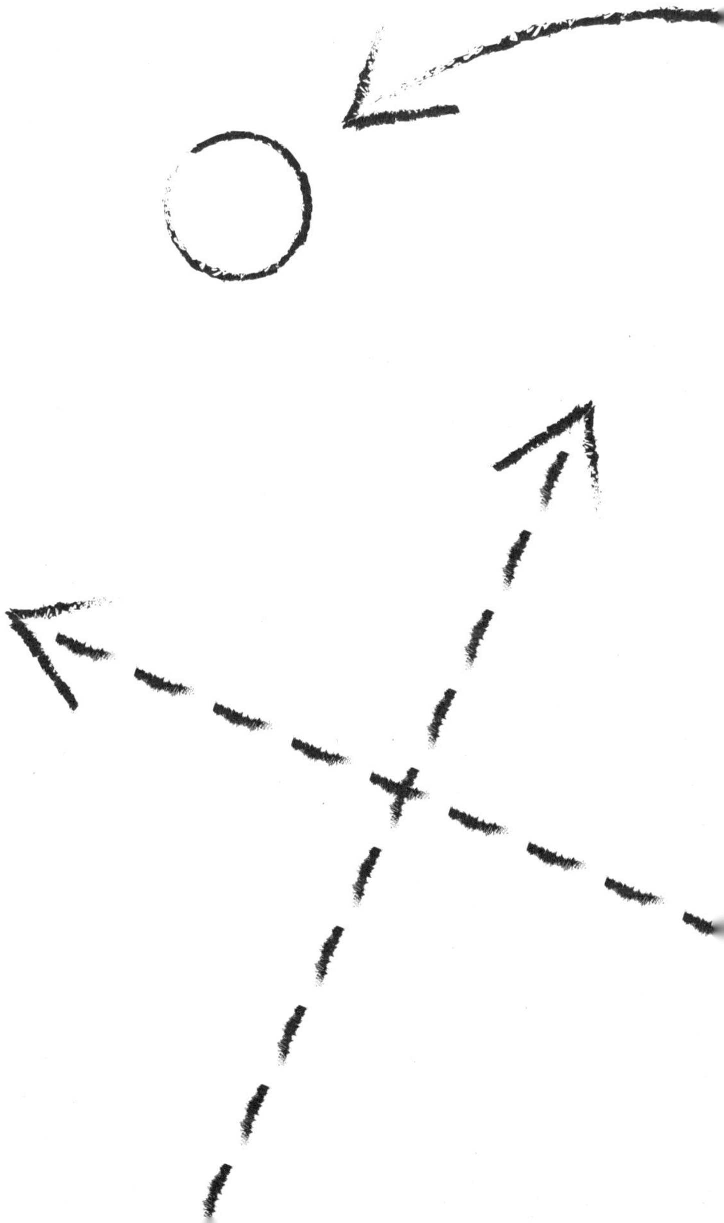

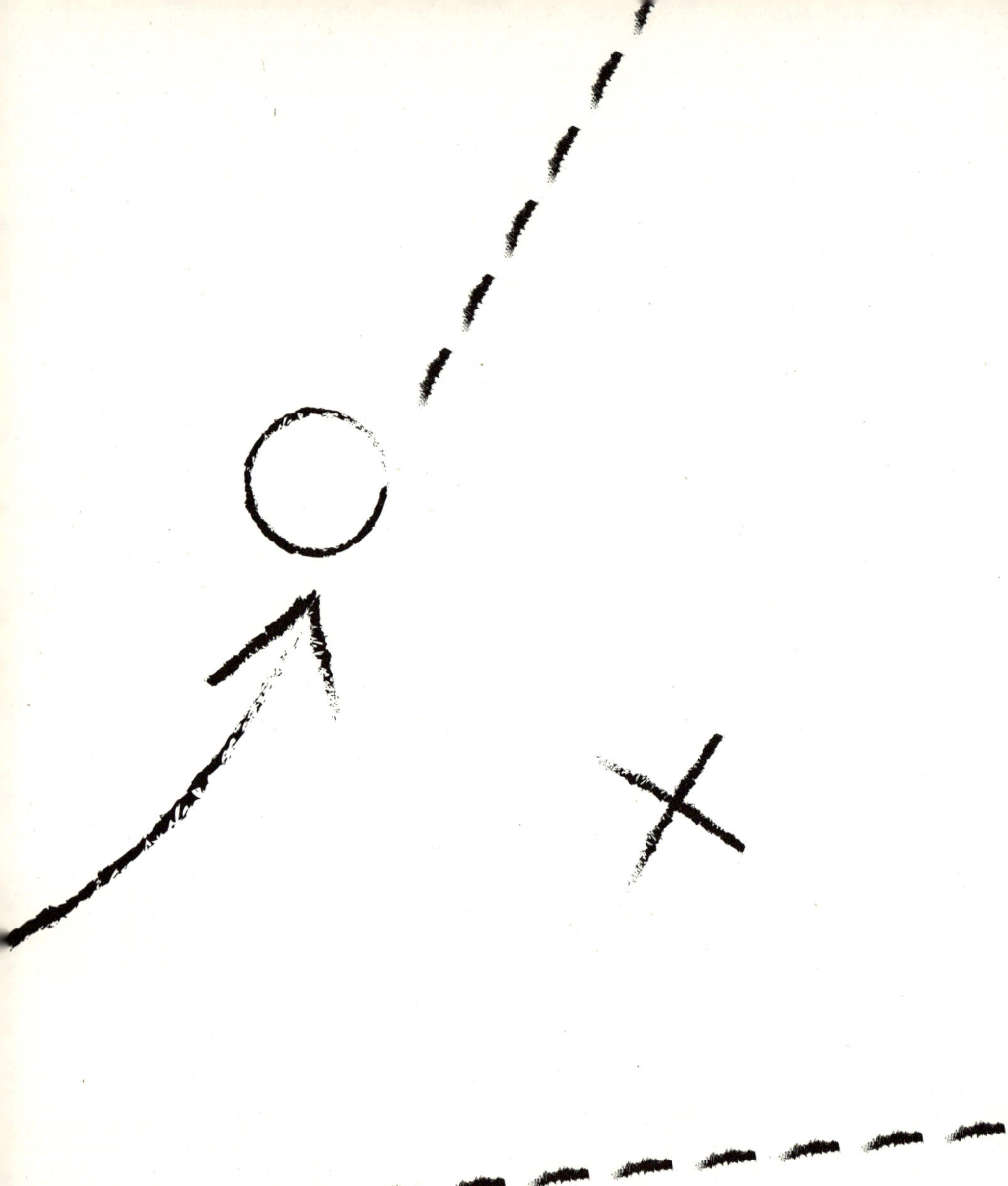

EMPEZAR DESDE ABAJO

CAPÍTULO 4

4

Uno de los primeros con los que hablé cuando recibí la llamada de la **Kings League** fue con **Juan Arroita.** Habíamos trabajado juntos en ***Charlas de fútbol***, su canal de YouTube. **No conozco a nadie** que sepa más de este deporte que él.

Cuando le expliqué el proyecto, Juan no lo vio muy claro.

—Lo que quieren hacer me parece increíble —respondió—, pero tengo muchas dudas de que vayan a poder hacerlo...

Más adelante, las cosas avanzaron y comprendí cuál tenía que ser mi siguiente movimiento.

—Esto va a ocurrir, Juan —dije—. Tengo que formar mi equipo y quiero que tú seas nuestro entrenador.

—¿Yo? —dudó. Luego lo pensó un momento—. No lo sé... No me veo como entrenador; no he entrenado nunca. ¿Tal vez como director deportivo?

—Te veo como entrenador —insistí yo—. Me gustaría que fueras tú. Piénsatelo.

Mientras tanto, yo tenía que lidiar con otros quebraderos de cabeza.

La mayoría de los gastos que implicaba la Kings League corrían a cargo de cada equipo: entrenador, segundo entrenador, fisioterapeuta, *coach*, jugadores 11 y 12, viajes, redes sociales... Por eso era tan importante el tema del presupuesto. Había que conseguir patrocinadores.

En aquel momento, muchos de los presidentes lo tenían más fácil que yo. De hecho, no conseguí ningún patrocinador para El Barrio en el primer *split*.

¿SABÍAS **QUE...?**

Cada temporada de la Kings League está dividida en dos periodos llamados *splits*: uno en invierno y otro en verano. Cada *split* cuenta con una primera fase de liga y con otra posterior de *play-off*, a la que solo acceden los ocho equipos mejor clasificados.

Bueno, en realidad, sí conseguí un patrocinador, pero en el último momento decidió marcharse con otro equipo. Así que me tocó pagarlo todo a mí. En aquel primer *split* gasté un dinero bastante importante y no gané nada.

Lo único que no tenían que pagar los equipos era a los jugadores. Eso lo pagaba la liga. Y los jugadores eran elegidos en el *draft*, en igualdad de condiciones entre todos los equipos.

Ahí era donde teníamos que intentar marcar la diferencia.

Durante el parón posterior a la presentación de la Kings League, tuvieron lugar las pruebas de selección. Algunos presidentes pudieron acudir, pero no fue mi caso, así que yo no supe nada sobre ningún jugador hasta que el *draft* quedó formado. Entonces, compusieron una pequeña ficha con cada uno de ellos en la que se valoraban sus características principales: físico, velocidad, tiro, etc. Además, había vídeos de treinta segundos de cada jugador donde podíamos verlos jugar. No teníamos nada más.

Para entonces, Juan había terminado de decidirse a ser nuestro entrenador y empezamos a trabajar juntos viendo vídeo tras vídeo.

Enseguida se hizo evidente que con eso no nos valía. Necesitábamos profundizar más. No íbamos a formar un conjunto de jugadores que fueran muy buenos individualmente, sino un equipo. Teníamos que indagar, ser concienzudos y usar todas las herramientas a nuestro alcance para recabar toda la información posible.

Era algo que yo ya había hecho antes.

EL CHIRINGUITO

Cuando llegábamos a tercero en la universidad, surgía la posibilidad de hacer prácticas en empresas. Todos los años salía una oferta para entrar como becario en *El chiringuito de Jugones*, uno de los programas líderes de deportes en la televisión en España. Había un montón de candidatos para ese puesto y era muy difícil entrar.

Mandé mi currículum y me llamaron. El proceso empezaba con un examen sobre actualidad de fútbol y sobre el propio programa. Querían a personas a las que les apasionara el fútbol, pero que también fueran fans de *El chiringuito*.

Superé esa primera fase y lo siguiente era una entrevista con Josep Pedrerol, el director y presentador.

¿SABÍAS **QUE...?**

Josep Pedrerol es un periodista deportivo de larga trayectoria en el panorama español. Ha trabajado en programas de primera línea como *Carrusel deportivo, El día después, Club de fútbol* o *Punto pelota*. Más tarde, ficharía por el grupo Atresmedia, donde lanzó *Jugones* y *El chiringuito de Jugones*.

El resto de los candidatos acudían a esa entrevista con un currículum de una hoja en la que contaban dónde habían estudiado y qué experiencia previa tenían, aunque la mayoría no tuviera demasiada. Yo llegué con una libreta llena de fotos en las que aparecía entrevistando a jugadores o cubriendo alguno de los eventos deportivos de los últimos tres años. Se lo fui enseñando a Pedrerol y me di cuenta de que le llamaba la atención. Supongo que no hubo muchos que fueran con imágenes que demostraran que hubiesen sido periodistas acreditados en eventos como la Euroliga, o en lugares como el Bernabéu.

Acabó la entrevista y me despedí con buenas sensaciones.

A los pocos días me llamó Quim Domènech, el subdirector del programa, para decirme que, por desgracia, no había ninguna vacante disponible en *El chiringuito*. Podían ofrecerme trabajo en *Jugones*, el programa de las tres de la tarde que ocupaba media hora en el informativo.

—Uf..., no lo sé... —me encontré diciendo.

El trabajo en *Jugones* era por la mañana, en el mismo horario que tenía en la universidad. No podía hacer las dos cosas a la vez, así que, si aceptaba, seguro que terminaría por suspender alguna asignatura, y entonces perdería la beca con la que estaba pagando mi alojamiento en Madrid. Era un pelín arriesgado...

Lo pensé mucho; podía tratarse de una oportunidad única y a lo mejor no me volvían a llamar... Pero no me quedaba tranquilo aceptando y dando al traste con el grado universitario.

Al final, tuve que decir que no. Lo único compatible con mis estudios era trabajar en *El chiringuito*, que se hacía por las tardes. Se lo expliqué y les pedí que me tuvieran en cuenta si surgía otra oportunidad.

Todo esto sucedió al principio del tercer curso. Más tarde, ese verano, estuve en Radio Marca, en la sección de baloncesto. Entonces, recibí otra llamada de Quim avisándome de que en agosto quedaría libre una plaza en *El chiringuito* y me la podrían ofrecer a mí. ¡Dije que sí de inmediato!

La llegada al programa fue similar a la de cualquier otro trabajo: me enseñaron la redacción y me presentaron a los compañeros. Mi puesto iba a estar relacionado con las redes sociales. Los periodistas no solían tener gran presencia en redes, pero algunos redactores de este programa contaban con bastantes seguidores.

Al principio, casi todos los redactores de cierto renombre hablaban poco conmigo. No es que hubiera malos gestos ni nada de eso, pero no hacían intención de entablar conversación. La única excepción fue Edu

Aguirre, que se mostró muy cercano desde el primer momento.

Más tarde, comprendí por qué a los demás les costaba tanto acercarse. *El chiringuito* es un programa por el que pasan una gran cantidad de becarios y la mayoría no dura demasiado tiempo —algunos se van a los dos meses—, así que los redactores no se ven muy inclinados a encariñarse con ellos. Por eso se quedaban más cerrados en su grupo y tardaban en tomar confianza contigo o en verte como uno más.

Los primeros meses fueron brutales. Trabajé muchas horas y aprendí un montón en muy poco tiempo. Siempre digo que aprendí más en un solo mes con ellos que en los tres años que llevaba en la universidad. Allí te daban responsabilidad desde el principio; tu trabajo importaba... y tus errores también.

Acudía todos los días de la semana menos uno. El problema, como siempre, era el desplazamiento. No tenía carné de conducir y el estudio estaba en San Sebastián de los Reyes, a hora y media de mi casa. Mi horario era agotador. Tenía clases en Periodismo de 9:00 a 13:00, volvía a casa, comía y dormía hasta las 16:00. Entonces, me marchaba al trabajo. Empezaba por la tarde y acababa de madrugada, a las 3:00 o 3:30. A esa hora no había transporte público, pero un compañero me llevaba hasta su casa y, desde allí, podía tomar un taxi que en quince minutos me dejaba en la mía. Me acostaba hacia las 4:30 o 5:00 y volvía a levantarme a las 8:00 para ir a clase.

Dormía poco y no descansaba bien. Algunos días faltaba a la universidad porque no podía con mi alma.

De todos modos, encajé bien en el programa. Se me daban bien las redes. Subía contenido a Instagram y me encargaba de *El chiringuito inside*, un canal de YouTube sobre lo que ocurría detrás de las cámaras. Era un trabajo exigente porque había que generar ideas nuevas todos los días, para no hacer siempre lo mismo.

Tuve mucho contacto con los tertulianos, porque les hacía fotos y vídeos antes del inicio del programa. Me llevaba bien con todos.

En este sentido, me pasó algo curioso con uno de ellos: Tomás Roncero. Lo veía por la tele siendo un niño y no estaba de acuerdo con casi nada de lo que decía. Llegué a poner algunos tuits criticando sus comentarios que luego tuve que borrar cuando iba a entrar en el programa. Pero, después, al tratar con él, mi imagen de Tomás cambió por completo. Era uno de los más majos.

En general, la rutina de cada día era más o menos la misma. Teníamos una primera hora tranquila, hasta que se organizaba la reunión con todo el equipo. Entonces era cuando preparábamos el programa y, a partir de ese momento, a muerte con el plan.

Cubríamos todas las noticias de deporte que había, en todas en redes sociales. Se nos animaba a innovar, a ser los primeros y a no dejar de subir el listón. Había un nivel de exigencia muy alto. Pedrerol era muy perfeccionista y había que hacer cada programa lo mejor posible. Me consta que estaba contento conmigo, porque entré como becario para seis meses, pero después me renovaron y pasé a ser parte de la plantilla. Aquello tenía su importancia; era muy difícil que contrataran a un becario en *El chiringuito*.

Sin embargo, con el contrato venía un incremento en la exigencia. Ya no eras un novato y no se te permitían fallos. Acabé la universidad, pero aquel horario seguía siendo muy duro y yo seguía sin tener carné de conducir ni tiempo para sacármelo.

Pero no dejé de aprender. Me metieron el periodismo en vena, me enseñaron a luchar por ser el primero y a no publicar nada que no hubiera comprobado antes que fuera cierto. Había que bucear, contrastar la información y no conformarse solo con lo que estaba disponible para todo el mundo.

REFUERZOS

Algo parecido fue lo que tuvimos que hacer antes de seleccionar a los jugadores del *draft*. En primer lugar, había que revisar todo lo que nos habían dado.

Los otros equipos contaban con un *staff* para hacer este trabajo, pero Juan y yo estábamos solos. O casi. Invité a varios amigos que sabían de fútbol para echarnos una mano, y así hicimos un repaso completo del material y comentamos nuestras opiniones.

—¿Has visto al 124?

—Creo que sí... ¿Cuál era?

—El del tiro a la escuadra desde la banda contraria.

—Ah, sí. Muy bueno. ¿Tú has visto al 99?

—Sí. El alto, ¿no? Muy bueno también.

Pero no valía con lo que teníamos. Había que investigar.

Empezamos por ponernos en contacto con los jugadores para pedirles más datos; que nos contaran más sobre ellos, sobre las posiciones en las que habían jugado y cuáles les gustaría ocupar. Después, nos informamos de los equipos en los que habían jugado y llamamos a sus entrenadores.

Además, preguntamos a los jugadores por su opinión sobre otros jugadores: con cuáles habían jugado o les gustaría jugar. Así fuimos sacando informaciones cruzadas y haciendo un análisis lo más completo posible.

Queríamos formar un buen equipo de fútbol, sí, pero también un buen grupo de personas; gente que estuviera contenta de trabajar con los demás, que quisiera luchar por sacar el resultado adelante, que se sintiera cómoda para dar lo mejor de sí misma. Sin darme cuenta, estaba buscando algo parecido a lo que tuve con mi equipo de baloncesto de Ibiza: un buen ambiente en el vestuario para que los jugadores se sintieran motivados.

Después, llegó el momento de tomar las decisiones. Solo el tiempo diría si lo habíamos hecho bien...

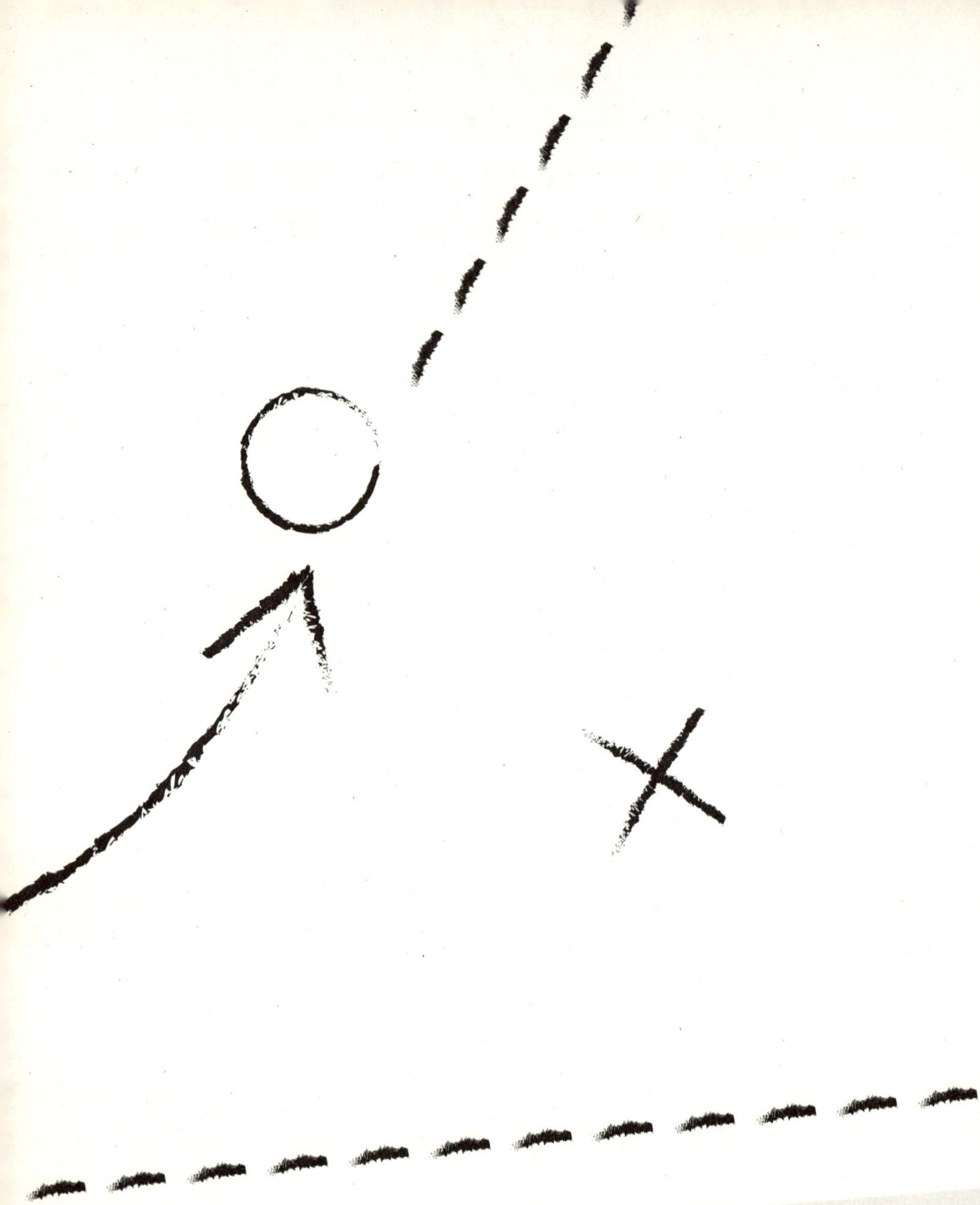

TOMAR DECISIONES DIFÍCILES

CAPÍTULO 5

5

FICHAJE 11 Y 12

Para los jugadores 11 y 12, otros equipos pudieron traer a figuras de primer nivel. Por poner dos ejemplos: Ibai fichó a **Ronaldinho** para **Porcinos FC,** y el **Kun Agüero** se fichó a sí mismo para **Kunisports.** Yo no tenía esos recursos, así que tiré de mi gente, igual que había hecho antes con **Juan Arroita** para el puesto de entrenador.

Pregunté a mis compañeros de piso, Gomez Nawer y Xoan Ramos, también *tiktokers*, que habían jugado al fútbol desde siempre, aunque nunca a nivel profesional. Se apuntaron enseguida.

Sin embargo, al poco tiempo ocurrió algo que no tenía previsto. Me escribió José Juan Figueiras, un portero que llegó a jugar en Primera División.

¿SABÍAS **QUE...?**

José Juan Figueiras (1979) es un portero que actualmente juega en el Athletic Club Torrellano, en Tercera División. Anteriormente perteneció al Elche CF, al Celta de Vigo y al Real Valladolid, entre otros.

Yo todavía recordaba su actuación dentro del CD Alcoyano, cuando lograron echar al Real Madrid de la Copa del Rey. Toda una hazaña para un equipo tan humilde.

—Me gustaría jugar en la Kings League —decía el mensaje—. Si crees que te intereso para El Barrio, puedes contar conmigo.

Lo hablé con Juan Arroita y él pensó más o menos lo mismo que yo: era un fichaje increíble, tanto a nivel deportivo como a nivel mediático. Pero teníamos que cerciorarnos de que la cosa iba en serio. Al fin y al cabo, José Juan seguía en activo y pertenecía a otro equipo.

—Te agradezco el ofrecimiento, pero necesito saber que estás comprometido con el proyecto —dije—. ¿Seguro que vas a poder venir a todos los partidos?

—Sí, puedes estar tranquilo —respondió él—. Le daré prioridad a El Barrio. Lo he hablado con mi equipo y, si coinciden los partidos en la misma fecha, jugaré con vosotros.

Aquello conllevaba una buena noticia y una mala. La buena estaba ahí: el fichaje. La mala era que me tocó hablar con Xoan y explicarle lo que había pasado. Tenía que prescindir de él. Pero Xoan lo entendió, así que nos quedamos con José Juan y con Gomez Nawer.

En los comienzos de la Kings League, los jugadores 11 y 12 no podían jugar bajo las mismas condiciones. El 11 era fijo y participaba en todas las jornadas, mientras que el 12 podía ir cambiando en cada una.

Gomez Nawer no era futbolista profesional, así que entendimos que podría necesitar ser sustituido en algún momento y por eso le asignamos el número 12. A José Juan le asignamos el 11, lo que significaba que jugaría todos los partidos.

Ahora debíamos decidir si elegíamos a otro portero del *draft* para sustituir a José Juan si se lesionaba. Si lo hacíamos, tendríamos a un jugador siempre sentado en el banquillo y solo preparado para saltar al campo si José Juan no podía seguir. Pero éramos un equipo humilde y necesitábamos contar con el máximo número de recursos en cada encuentro, así que eso parecía un gasto que no podíamos permitirnos.

Le estuvimos dando vueltas; era una decisión difícil de tomar. Aunque me había enfrentado a otras más difíciles en el pasado...

¿SALIR DE *EL CHIRINGUITO*?

Mientras trabajaba para Josep Pedrerol, el ritmo no bajó ni un solo día.

A mediados de 2018 había dejado atrás la universidad y había cortado con mi novia, así que estaba centrado casi exclusivamente en el trabajo que quise hacer siempre, pero el horario era muy exigente y muy poco compatible con cualquier otra cosa. Seguía sin tener carné y seguía haciendo un largo recorrido en transporte público para llegar hasta el plató, y subiendo después en el coche de un amigo para recorrer una parte del trayecto de vuelta. Seguía llegando tarde a casa y levantándome tarde al día siguiente. Trabajaba de domingo a jueves y libraba los viernes, pero a veces me tocaba trabajar algún sábado.

Mi vida social era muy reducida.

En el poco tiempo libre que tenía, empecé a trastear con YouTube. Publicaba alguna cosilla de vez en cuando y seguía viendo vídeos de ciertos canales que conocía desde hacía unos cuantos años.

Era muy fan de *Campeones*, un canal que llevaba Juan Arroita. Así fue como empecé a saber de él. Juan había creado un formato para hacer periodismo deportivo en internet que me fascinaba.

Más tarde, los componentes de aquel canal se separaron de la productora en la que estaban y montaron otro espacio que llamaron *Charlas de fútbol*. Hacían absolutamente de todo: noticias, vídeos de opinión y de entretenimiento, *challenges* a la gente para ver quién sabía más de fútbol... Fueron los pioneros tratando el deporte de esa manera en YouTube.

Cuando yo entré en *El chiringuito*, me di cuenta de que la gente de Juan hacía más o menos lo mismo que nosotros hacíamos en la web, solo que nuestro formato era de noticias y ellos lo contaban en sus vídeos. Los tenía en un pedestal.

Lo que yo publicaba en mi canal personal nunca era de fútbol. Ese era el tema sobre el que hablaba en mi trabajo, así que no me parecía correcto hacerlo también fuera de él. En vez de eso, hacía vídeos de entretenimiento, sobre mi comida favorita, preguntas y respuestas... Ese tipo de cosas.

Pero, para mi sorpresa, aquello no sentó bien en *El chiringuito*. Noté un cambio de actitud conmigo a partir de ese momento.

Aquello me dejó descolocado. No me lo podía creer; no estaba haciendo nada malo. De hecho, mi nivel de implicación con el programa no había bajado en absoluto. Lo estaba dando todo. Cumplía siempre con el horario y con los objetivos. Los vídeos que subía a mi canal tenían una frecuencia bajísima, de un vídeo a la semana en el mejor de los casos. Me aseguraba de que no tuvieran nada que ver con el fútbol y, además, mi canal no tenía prácticamente seguidores. Pero, aun así, ¡no les parecía bien!

Aquella situación marcó un antes y un después. Empecé a desmotivarme. Lo que ellos esperaban era que su programa fuera una filosofía de vida 24/7, pero yo necesitaba alguna vía de escape para relajar la cabeza. Y eso no les gustaba.

Era demasiado. Cada vez estaba más quemado y más cansado.

Más o menos por aquella época fue cuando conocí a Juan Arroita, en un partido que se celebró entre Mambo FC y otro equipo formado por gente de *El chiringuito*.

¿SABÍAS **QUE...?**

Mambo FC fue un equipo de *youtubers* en el que, además de Juan Arroita, jugaban otros como DjMaRiiO, Papi Gavi o Delantero09. El entrenador era Álvaro Arbeloa, exjugador del Real Madrid que fue internacional con la selección española.

Le pedí una foto a Juan, le dije que llevaba siguiéndole mucho tiempo y estuvimos hablando un buen rato. Le comenté que estaba pensando en mejorar mi canal y Juan fue muy majo desde el principio. Me ofreció su ayuda para llevarlo a cabo y, después, fuimos quedando en otros momentos y entrando en más confianza, hasta que le comenté mi situación en el trabajo. Le expliqué que cada vez estaba más desmotivado.

Soy una persona que tiene que estar al cien por cien feliz en un sitio, pero allí no lo estaba.

Juan entendió mi situación y me dijo que, si decidía marcharme, él estaba dispuesto a contar conmigo para su canal. Le di las gracias y dije que lo tendría en cuenta.

Aun así, aquello parecían palabras mayores. Daba un cierto vértigo pensar en irme.

Se suponía que estaba cumpliendo con mi sueño desde niño: trabajar como periodista en un programa top nacional, codeándome con gente que llevaba toda la vida en el sector y con posibilidades de seguir asumiendo responsabilidades año tras año.

Pero no funcionaba. Las cosas no iban bien y yo no estaba contento. Era absurdo negarlo.

Las redes me llamaban y tenía ganas de emprender un camino en aquella dirección. Era un verdadero reto, pero me sentía más motivado para lanzarme al vacío en ese sentido que para seguir por donde estaba yendo.

Así que lo hice. Escribí a Pedrerol y le pedí que sacara un hueco para hablar conmigo.

Cuando nos reunimos, dije la verdad: que no era feliz y que no me veía a largo plazo allí dentro. De hecho, ni siquiera me veía aguantando una temporada más.

No es que los estuviera dejando tirados de la noche a la mañana; estaba avisando con dos meses de antelación.

Pedrerol aceptó mi renuncia y el asunto quedó zanjado.

Una vez hecho esto, se lo conté a Juan, que no se lo terminó de creer. Supongo que no pensó nunca que llegaría a marcharme, pero le aseguré que era definitivo. Me iba del programa, tanto si él podía contar conmigo para *Charlas de fútbol* como si no. Pero Juan se mostró encantado de poder ficharme.

El final de aquella temporada en *El chiringuito* no estuvo mal, la verdad. Fui a bastantes eventos y realicé unas cuantas entrevistas importantes. Entre ellas, entrevisté a DjMaRiiO y a Ibai, que años más tarde serían mis compañeros en la Kings League. En aquella época no podía ni imaginarlo.

La noticia de mi salida de *El chiringuito* cayó como una bomba en mi entorno. Hubo gente cercana a mí que no lo entendió.

Tampoco me extrañó tanto; al verlo desde fuera, debía de parecer una locura. Había luchado mucho para llegar hasta allí y tenía un buen trabajo, con contrato fijo, siendo un chaval de veinte años. Era cierto que perdía una estabilidad económica muy importante. Al irme a *Charlas de fútbol,* reducía mi sueldo en un 85 %. Era mucho dinero.

Pero tenía ahorros; en aquella época vivía con mi padre y el único que dependía de mi sueldo era yo, así que podía correr el riesgo.

Sin embargo, mi decisión tuvo consecuencias con las que no había contado. Hubo quien incluso se distanció de mí, insinuando que estaba cometiendo un error garrafal.

Pero yo estaba convencido. No me marchaba porque no quisiera trabajar, sino por todo lo contrario. Estaba seguro de que fuera de allí me podía ir igual de bien. De hecho, quería trabajar el triple, pero sintiéndome a gusto. Motivado y feliz.

Así que, finalmente, pasé a *Charlas de fútbol* y empecé en un empleo totalmente diferente y en el que, una vez más, era el nuevo. Venía con dos años de experiencia en *El chiringuito*, y eso habría sido una gran ventaja en otros ámbitos, pero YouTube era un mundo distinto y aquí sabía que entraría ocupando un rol secundario.

Al principio, me dedicaba a la edición. Era algo que sabía hacer, porque había trabajado con mis vídeos en casa, pero esto era otro nivel. Lo que normalmente editaba en una semana, aquí tenía que sacarlo adelante en cuestión de una hora.

Terminaba un partido, grababan el resumen y el análisis y había que tener listo el vídeo editado cuanto antes para publicarlo. Aprendí y mejoré muchísimo, también sobre grafismo, diseño, sonido...

Más adelante, empecé a ocuparme también de las redes del programa. Seguía con la edición, pero además me encargaba de Instagram, Twitter y TikTok. Iba ganando puntos en el equipo y, algo después, fui entrando también como presentador.

Allí hacíamos todos de todo, así que en ningún momento descuidé ninguna de mis funciones anteriores para seguir añadiendo otras nuevas. Ahora ya participaba en las grabaciones, y después editaba los mismos vídeos en los que había salido, añadía la música y creaba las miniaturas para subirlos. Absolutamente todo.

Pero era feliz, y eso era lo que había querido lograr cuando tomé una de las decisiones más arriesgadas de mi vida.

UN SOLO PORTERO

Otra decisión difícil era la de quedarnos con un solo portero, pero lo hicimos. No fichamos a ningún otro y tampoco preparamos a ningún jugador para que hiciera de portero provisional si las condiciones obligaban a ello. Veíamos a José Juan en un buen estado físico y dimos por hecho que podría jugar él solo en esa posición. Pero nos equivocamos. Se lesionó y tuvo que jugar un par de partidos lesionado. Ahí demostró que era cierto que estaba comprometido con el equipo.

No siempre aciertas cuando te arriesgas y, aquella vez, no acertamos del todo. Pero habíamos hecho lo que considerábamos mejor para el equipo, dadas las circunstancias.

Respecto al jugador número 12, nuestra estrategia fue variando a lo largo del *split*. Gomez Nawer solo jugó dos jornadas y...

Creo que me estoy adelantando. Te he contado algunas cosillas que ocurrirían después, pero, si vamos a hablar de lo que pasó en ese primer *split*, habría que empezar por el principio: el debut de El Barrio.

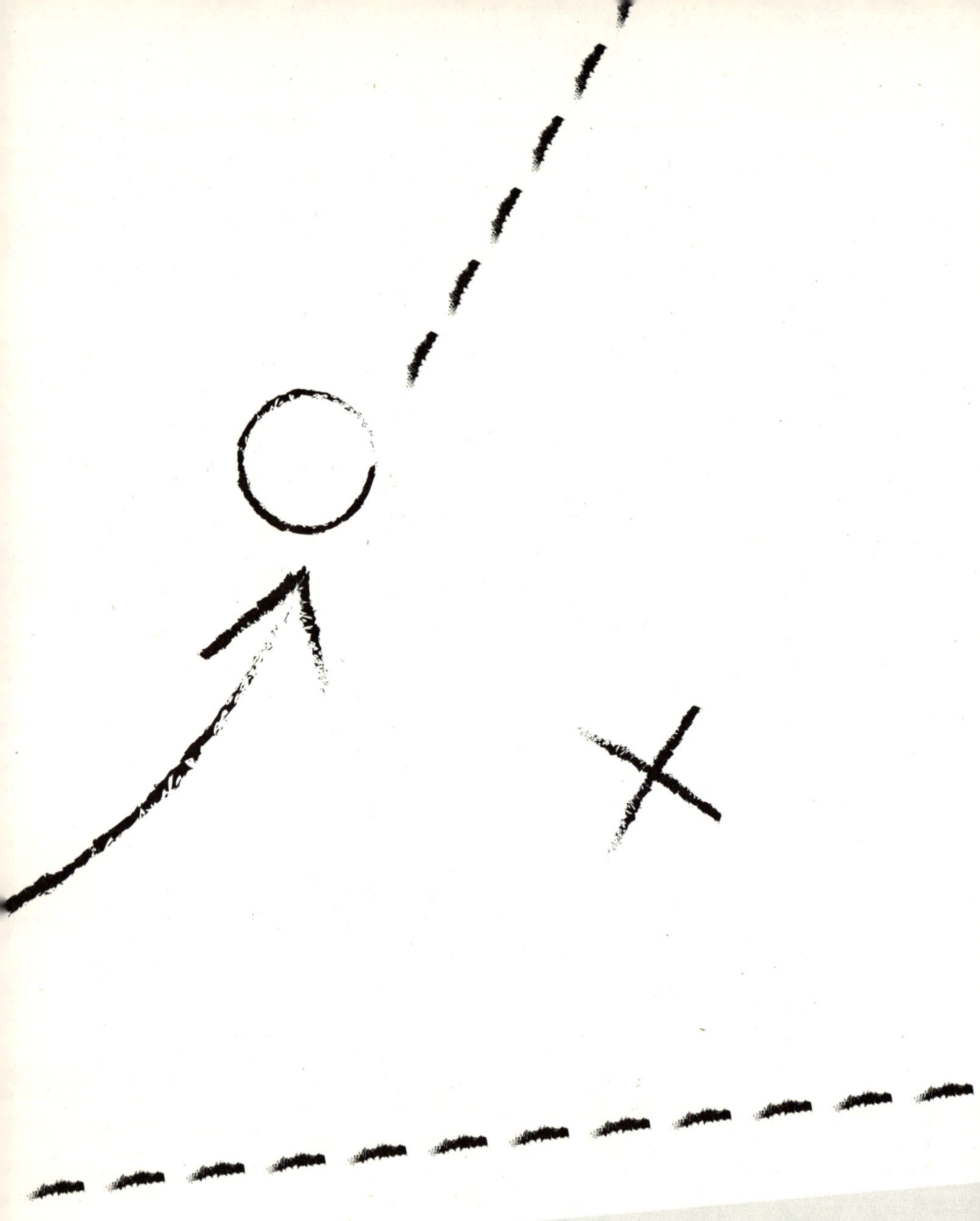

SALTAR AL TERRENO DE JUEGO

CAPÍTULO 6

6

LOS INICIOS EN LA LIGA...

El ***draft*** de selección de jugadores tuvo lugar el 27 de diciembre de 2022 y la primera jornada del primer ***split*** estaba programada para el 1 de enero de 2023. Nos encontrábamos en medio de las fiestas de **Navidad**, eran muy pocos días de diferencia y no creo que ningún equipo tuviera tiempo de **entrenar.** Nosotros, al menos, no lo tuvimos.

Juan Arroita habló individualmente con cada jugador y después montamos un grupo de WhatsApp para informarles de lo básico de cara a nuestro debut contra Pío FC, el equipo de Rivers.

El día anterior al primer partido era Nochevieja. Yo la pasé con Pedro Benito, Ari Geli y Gomez Nawer, que jugaba al día siguiente.

¿SABÍAS **QUE...?**

Rivers es una *streamer* y *youtuber* mexicana, cuyo nombre real es Samantha Rivera, que ganó el premio a la mejor *streamer* del mundo en 2023. Ariadna (Ari) Geli es mi mejor amiga; es creadora de contenido y jugadora de baloncesto 3x3.

Procuramos no acostarnos tarde, pero, aun así, dormimos poco y llegamos cansados a Barcelona. Eso sí, estábamos motivados; con la adrenalina a tope. Yo pasaba constantemente de los nervios a la tranquilidad. Lo dejé dicho en el vídeo resumen que grabé de aquella llegada y de los momentos previos. Fue la primera publicación del año.

Estuve viendo los partidos anteriores al nuestro y me fliparon. Nos sirvieron para ir tomando conciencia de que la cosa estaba bastante igualada. Parecía que no podríamos esperar un resultado muy desequilibrado.

Como todo había sido tan precipitado, no conocíamos al resto de los equipos. Aquella fue la primera vez que los veíamos en acción.

Me encontré con mis jugadores, nos saludamos y estuvimos preguntando quién había salido de fiesta el día anterior. Venían con la misma cara de ilusión que yo; para ellos también era un sueño estar allí.

Habíamos echado un ojo a las audiencias de los partidos anteriores y nos sorprendieron mucho los números.

Estábamos emocionados pensando en que se acercaba nuestro momento.

Había buen ambiente. Los jugadores no dejaban de darse ánimos los unos a los otros durante el calentamiento, mientras ensayaban pases y tiros a puerta.

—¡Hablamos, hablamos entre nosotros!

—Nos ayudamos, ¿eh?

—¡Terminamos las jugadas!

—Si alguien no puede más en defensa, que suba el balón.

Cuando quedaba poco para el inicio, pasamos por el vestuario y Juan dio las últimas indicaciones. Yo me mantuve en retaguardia, de observador, hasta que Juan me preguntó con una sonrisa.

—¿Grito de El Barrio?

—Pues... no tenemos —dije—, pero bueno...

Juntamos las manos al centro y lo inventamos allí mismo.

—Uno, dos, tres. ¡Barrio!

Aplaudimos juntos y nos dimos los últimos ánimos y palmadas en la espalda. Estábamos listos; todo lo que podíamos estarlo. Faltaba uno de nuestros mejores jugadores, Pablo Beguer. Le había sido imposible acudir por un compromiso familiar que estaba programado desde hacía mucho tiempo y era fuera de España.

Fui al lugar desde el que iba a grabar mis reacciones al partido, a pie de campo junto con Pedro y con Ari. Le di un abrazo a cada uno y me preparé para cualquier cosa que pudiera ocurrir a continuación. Había hecho todo lo que estaba en mi mano para formar un buen equipo junto con Juan Arroita. Pensé en otras veces en que también había trabajado todo lo que había podido antes de dar el paso inevitable que venía a continuación.

CHARLAS **DE FÚTBOL**

Una de las cosas que nos caracterizó en *Charlas de fútbol* es que mantuvimos el ritmo cuando llegó la pandemia. Creo que fuimos de los primeros en amoldarnos a las circunstancias.

Otros grupos de *youtubers* que solían hacer vídeos en el exterior dejaron de publicar durante aquella época, pero ese no fue nuestro caso. Como no nos podíamos juntar, nos reuníamos online, grabábamos cada uno desde nuestra casa y después le pasábamos los vídeos al que se fuera a encargar de editar aquel programa. No solo no publicábamos menos, sino que empezamos a hacer directos y reacciones a los partidos y teníamos bastante seguimiento.

Yo ya aparecía en todos los vídeos, así que fui cogiendo más soltura de la que pude ganar en *El chiringuito*, donde no salía tanto en pantalla.

También fue durante la cuarentena cuando me lancé a TikTok. Lo he contado en el primer capítulo, pero lo recuerdo aquí porque fue un momento decisivo para mí. Instalé la aplicación, empecé a subir vídeos y no dejé de dedicarle tiempo, cada vez más y más, subiendo sin parar de seguidores, aunque sin descuidar mi tarea en *Charlas*. Aparte de eso, tenía otro trabajo llevando las redes de Cristóbal Soria, uno de los tertulianos de *El chiringuito*, que se puso en contacto conmigo cuando me fui del programa.

Después de la pandemia, volvimos a la normalidad. *Charlas de fútbol* iba bien. Nos trasladamos a una nueva oficina en Gran Vía, en el centro de Madrid, donde recuperamos nuestras reuniones y pudimos juntarnos de nuevo para grabar y editar. Seguíamos funcionando bien en redes y aprovechando el tirón que mantuvimos durante la cuarentena.

Pero empezó a ser complicado compaginarlo todo. No solo me pasaba a mí; todos teníamos otros proyectos y ninguno nos ganábamos la vida con *Charlas de fútbol*.

Juan Arroita era productor del canal de YouTube del Valladolid CF y creador de contenido para *Sabor a Fútbol*, otro canal patrocinado por una marca de cerveza. Guille también estaba metido en esos dos proyectos. Diego tenía igualmente otras cosas y después le ficharon para trabajar en el periódico deportivo *Relevo*.

Cada vez nos costaba más encontrar tiempo para todo y fuimos descuidando un poco *Charlas de fútbol*. Más adelante, se fue haciendo evidente que no estábamos igual de motivados que antes.

Con la idea de solucionar esto y darle un empujón, decidieron cambiar de nombre. Hacía algunos años, Juan y los demás habían tenido una revista de historia del fútbol llamada *Kaiser*, y ahora pensaron que podían retomar aquella temática. Recuperaron aquel nombre, le dieron un lavado de cara al canal cambiando el logo y demás y empezamos a incluir vídeos de historia del fútbol.

Honestamente, aquella era una temática que a mí no me gustaba demasiado, pero yo era el que llevaba menos tiempo en el equipo y decidí remar a favor. El problema fue que, para incluir ese nuevo material, dejamos de hablar tanto de actualidad. Más adelante, todos reconoceríamos que no había sido una buena idea.

El caso es que seguí cumpliendo con mi trabajo en *Kaiser*, que me pedía una o dos publicaciones diarias, pero subía muchos más vídeos a mi canal. Fue la época de los veinte tiktoks al día y las visualizaciones no paraban de crecer, hasta que superé a *Kaiser* en número de seguidores.

Entonces fue cuando empecé a plantearme lo de centrarme en mi proyecto. Todavía no ganaba lo suficiente como para vivir solo de ello, pero creía que podía llegar a conseguirlo y estaba mucho más motivado con lograrlo que con todo lo demás. *Kaiser* había empezado a convertirse en una especie de obligación, con un horario fijo y una serie de vídeos que no terminaban de convencerme. Además, había veces que el trabajo para *Kaiser* me impedía hacer lo que quería para mi canal.

Recuerdo un día muy concreto en el que terminé de tenerlo claro. Estaba en la oficina, editando un vídeo de historia del fútbol, justo en el mismo momento en el que tenía lugar el sorteo de partidos de la Champions League. Podría haber grabado varios tiktoks sobre un tema tan importante de actualidad, pero me quedé sin hacerlo. Aquel fue el punto de inflexión. No podía seguir de aquella manera.

Aun así, aguanté todo lo que pude, hasta que fue Juan quien nos planteó cerrar el canal. A todos nos pareció bien porque estábamos más o menos en la misma situación. Nos costaba sacar tiempo para todo. No hubo ningún tipo de mal rollo; simplemente estuvimos de acuerdo en que era lo mejor.

Así que, desde ese momento, seguí con lo que ya había empezado y que me parecía más lógico continuar, poniendo todo mi esfuerzo y luchando por avanzar en este nuevo camino que se abría por delante.

EL PRIMER **ENCUENTRO**

Los jugadores de El Barrio también salieron con ganas de aprovechar la oportunidad que les brindaba participar en la Kings League.

Al inicio de aquel partido, yo no podía intuir lo que iba a pasar. El primer gol que marcamos fue algo bastante fortuito: uno de nuestros defensas tiró a puerta, lo rechazó un jugador del otro equipo de forma equivocada y lo metió en propia meta.

El caso era que íbamos por delante, pero todavía podíamos esperar cualquier cosa. O, al menos, cualquier cosa menos lo que pasó.

Porque hicimos de todo.

El segundo gol llegó en un momento en que el balón estaba a punto de salir por la línea de fondo, pero nuestro jugador consiguió tirar por el único hueco disponible y lo coló por los pelos junto al palo derecho.

El tercero fue desde un pase de banda, con un tiro a la media vuelta.

El cuarto fue una vaselina por encima del portero.

Yo no me lo podía creer: ¡4-0 en veinte minutos! No paraba de alucinar y de llevarme las manos a la cabeza.

En el descanso, no quise ni acercarme a ver al equipo, para no molestarlos y por no gafar la buena suerte que llevábamos encima.

Pero después, en la segunda parte, pitaron un penalti a nuestro favor y marcamos otra vez.

¡5-0 en nuestro primer partido!

Cuando pitaron el final, ¡estaba en una nube! ¡El equipo había dado un recital! Se lucieron en el campo hasta los que yo no había pensado que fueran a destacar tanto. Todos me dejaron con la boca abierta.

El único punto negativo fue que José Juan se llevó un gran golpe en la cara y hubo que detener el juego porque tenía una buena herida.

Pero esto, al terminar, ya se nos había olvidado. ¡Acabábamos de hacer historia en la Kings League! Un nuevo formato de fútbol, con seguidores a nivel mundial ¡y éramos el equipo número uno de la primera temporada por número de goles! ¡El Barrio! El equipo con menos recursos de la competición.

Me fui a ver a los jugadores, a abrazarlos a todos y a decirles que hacía mucho que no disfrutaba tanto viendo un partido de fútbol. Después dije lo mismo en la entrevista pospartido que hice al lado de Piqué. Creo que repetí la misma frase tres veces por lo menos. Estaba desorientado de la emoción.

Al día siguiente, se hablaba de nosotros en todas partes: «Los primeros líderes de la historia de la Kings League», «Goleada», «Manita de El Barrio»... Las redes sociales echaban humo hablando de lo que habían hecho los jugadores, y yo tenía un montón de mensajes pendientes.

Todo había ocurrido tan rápido que no había tenido tiempo ni de soñarlo.

Dormimos en Barcelona y al día siguiente invité a comer a Gomez Nawer, Pedro Benito y Juan Arroita. Volvimos todos juntos en tren, todos sonriendo todo el rato. Lo más especial había sido compartir aquello con mi gente, con mi Barrio.

Los mismos con los que me iba a tocar compartir otros momentos menos agradables...

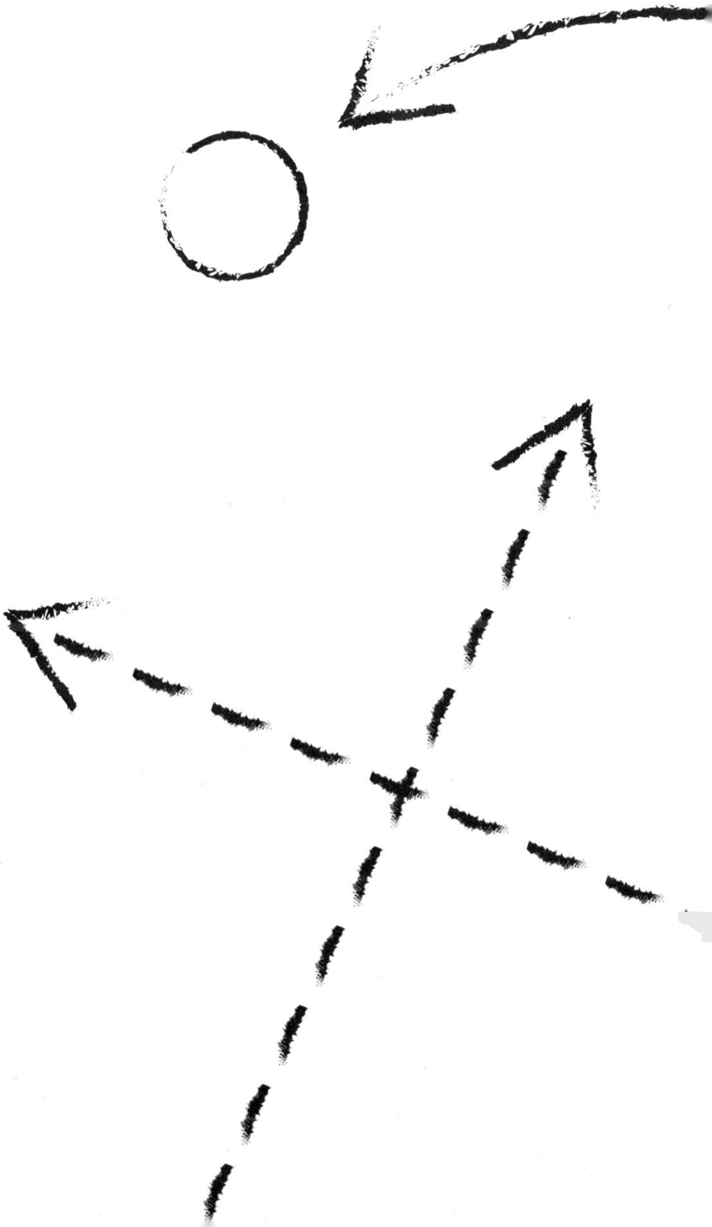

LAS DERROTAS

CAPÍTULO 7

7

Después de aquella primera **victoria,** hubo muchos que nos consideraron favoritos para ganar el ***split.*** Pero aún faltaba bastante camino por delante y no todo iba a salir igual de bien. Nos iba a tocar **sufrir,** tanto a nivel de equipo como a nivel personal.
De hecho, antes de que llegara el segundo partido yo ya me llevé el primer disgusto, de la manera más **insospechada...**

HATERS

La Kings League había arrancado bien, con apoyo de la gente, muchas visualizaciones, creciendo en seguidores y siendo *trending topic* en Twitter una y otra vez. Los presidentes estábamos eufóricos y no parábamos de celebrarlo y de hablarlo entre nosotros.

En una de esas conversaciones por chat, Piqué nos dio la noticia de que un jugador de Primera División iba a jugar el siguiente partido en el xBuyer Team con máscara, para que no se le reconociera, usando el seudónimo de Enigma69. Aquello me pareció superatractivo para el público y pregunté en el grupo quién iba a querer ver dos partidos de la Liga que había ese domingo, pudiendo ver la Kings League.

Evidentemente, no lo decía en serio; era el típico comentario que dices en broma para que tus amigos se rían, y se rieron. Y después, siguieron diciendo más cosas por el estilo, siempre en tono de humor.

Entonces, Piqué decidió utilizar algunos de aquellos mensajes para crear un poco de *hype* en redes. Seleccionó unas cuantas frases y las subió a modo de pantallazo a Twitter. En cuestión de minutos, saltaron unos cuantos ofendidos a tomarse en serio algo que no iba en ese plan. De repente, empezaron a mandarme todo tipo de mensajes de odio, sin parar y sin ningún tipo de filtro.

Pedí a Piqué que retirara la publicación, y la quitó enseguida, pero dio lo mismo. Algunos ya habían hecho captura del mensaje y lo siguieron usando como excusa para atacarme.

Normalmente no hago ningún caso a los *haters*, pero aquello fue algo increíble. La red estaba desbordada de odio y me convertí en *trending topic*, pero para mal.

No me preocupaba únicamente la opinión de la gente, sino que los equipos que yo había mencionado en el mensaje se sintieran insultados. Por suerte, esto no ocurrió. Enseguida recibí mensajes de apoyo por su parte, pero los aficionados que tecleaban en Twitter eran otra historia. Esos me aseguraban que irían a por mí si me pasaba por alguno de sus estadios, que irían también a por mi familia y que corría peligro mi integridad física si se me ocurría salir a la calle.

Mi madre estaba bastante desconectada de las redes en aquella época, pero, aun así, esto acabó por llegar a sus oídos y me llamó preocupada.

Yo seguía leyendo mensaje tras mensaje, mirando la pantalla igual que un zombi.

Había quedado aquel día para cenar con Pedro Benito, pero ya no me veía con ganas y le dije que no viniera. Aun así, vino y se quedó alucinado al ver el aspecto que tenía. Me conocía desde hacía mucho tiempo y nunca me había visto así.

—No voy a salir —repetí.

Pedro no insistió y entró en mi casa. Se sentó conmigo en el sofá y estuvimos allí una hora entera sin cruzar palabra. Creo que ya se había dado cuenta de que no había mucho que pudiera decirme y decidió respetar mi silencio.

—Tranquilo, Adri, que esto pasará, ya lo verás —comentó en un momento dado.

Pero yo no lo veía nada claro.

—¡Qué va...! —respondí—. Esto no se va a olvidar. Me va a dejar marcado para siempre.

Después de varios intentos sutiles por parte de Pedro, logró convencerme para salir.

Fuimos directamente al restaurante y allí tampoco hablamos prácticamente nada. Aun así, haber salido a la calle me sentó de maravilla. Fue un soplo de aire fresco.

Al día siguiente, mis amigos me sacaron de nuevo, aunque yo seguía con la mosca detrás de la oreja, pensando que podría acercarse cualquier desconocido a molestarme. Pero ocurrió justo lo contrario: los que vinieron a hablar conmigo lo hicieron tomándose la situación a broma y sin darle mayor importancia.

Aquello me ayudó a ir levantando el ánimo. No valía para nada seguir preocupándome por algo que sabía que no era tan grave; no había hecho nada malo.

Eliminé Twitter de mi teléfono y nunca he vuelto a tenerlo.

Después, la gente se olvidó de aquello tan rápido como lo había traído. Alguno todavía intentaba revivirlo cuando tenía la oportunidad, pero sin éxito. No consiguieron reavivar el odio.

Poco a poco, pude pasar página y centrarme en lo que tenía que centrarme.

EL CAMINO A LOS *PLAY-OFF*

El segundo partido tenía muy buena pinta desde el punto de vista de los seguidores, porque enfrentaba a los dos equipos con más goles hasta el momento: El Barrio contra Ultimate Móstoles, presidido por DjMaRiiO.

Allí nos llevamos nuestro primer susto: al poco de empezar el encuentro, se lesionó Aleix Masseguú, nuestro mejor defensa. No solo era un problema de cara a ese partido, sino pensando en los siguientes, porque trastocaba todos nuestros planes. De hecho, lo hicimos bastante bien en ese encuentro y perdimos por un solo gol (2-3).

Yo salí con buenas sensaciones. Tenía la impresión de que, de haber podido jugar un poco más, habríamos sido capaces de remontar.

De momento llevábamos una victoria y una derrota.

En el tercer partido no iba a poder jugar Gomez Nawer, pero se apuntó Papi Gavi en su lugar y lo anunciamos a bombo y platillo.

¿SABÍAS **QUE...?**

Alejandro Gavilán, más conocido como Papi Gavi, es un *youtuber* dedicado a vídeos de fútbol, videojuegos y música, con más de un millón de seguidores en su canal.

A la gente le hizo ilusión. Nos fuimos de cena con el equipo la noche anterior al partido para recibir al fichaje y nos acostamos demasiado tarde. No fue buena idea. Al día siguiente, los Aniquiladores de Juan Guarnizo nos dieron un repaso de mucho cuidado, ganando 4-1. Fue la derrota más dura que tuvimos en aquel *split* y marcó un punto de inflexión. Decidimos no volver a quedar a cenar antes de un partido. No podíamos confiarnos. Acababan de darnos una cura de humildad.

Buscando una solución a nuestros problemas en la defensa, decidimos ocupar la posición del número 12 fichando a un profesional: Nico Pareja.

¿SABÍAS **QUE...?**

Nicolás Martín Pareja, conocido como Nico Pareja, es un exfutbolista argentino, residente en España, que ha jugado de defensa en el RCD Espanyol, el Sevilla FC y el FC Spartak de Moscú, entre otros.

Pareja es un jugador de mucho nivel, ganador de tres Europa League y de un oro olímpico con la selección argentina, así que los medios se hicieron eco de la noticia. Dijeron que esto demostraba que El Barrio iba en serio.

Recuerdo que, en una cena de presidentes, el Kun Agüero estuvo dándome algunos consejos tácticos después de enterarse del nuevo fichaje. Me aseguró que, con Pareja atrás y bien acompañado por otros dos defensas, sería muy difícil ganarnos. En línea con su pronóstico, en la siguiente jornada vencimos 5-2 al 1K de Iker Casillas.

A continuación, se produjo una novedad dentro de la liga cuando introdujeron el penalti presidente. La regla consistía en que, si dos presidentes se ponían de acuerdo en usar esta carta, cada uno de ellos podría lanzar un penalti en un momento dado del partido. No tenían por qué lanzarse ambos a la vez, sino cada uno cuando lo decidiera su equipo.

El siguiente partido era contra Saiyans y acordé con Grefg, su presidente, que estrenaríamos la nueva carta para dar espectáculo.

El encuentro empezó igualadísimo y el empate a cero se mantuvo sin cambios hasta que Juan Arroita decidió echar mano de la carta. Salí al campo para tirar el penalti, con la oportunidad de dar ventaja a mi equipo, pero lo chuté mal y mandé el balón a las nubes.

Una lástima, aunque, al menos, seguíamos empatados. Pero los Saiyans todavía contaban con el penalti para usarlo cuando quisieran. Su entrenador aguantó hasta el último minuto, todavía con el marcador igualado. Entonces, pidió el tiro y salió Grefg a lanzarlo. Y marcó.

Solo perdimos 1 a 0, pero me sentí igual de culpable que si hubiera perdido yo solo. Se me notaba triste y todos los jugadores vinieron a consolarme. Los del otro equipo también. Hasta el entrenador de los Saiyans se acercó a darme ánimos.

Nico Pareja no podía asistir a la siguiente jornada, pero, por suerte, pudimos encontrar un buen sustituto: Martín Mantovani.

¿SABÍAS **QUE...?**

Martín Maximiliano Mantovani es un futbolista argentino nacionalizado italiano que ha jugado en la posición de defensa en varios equipos como el CD Leganés, UD Las Palmas y el CD Móstoles.

Desde aquel momento, ya fuimos alternando entre Mantovani y Pareja para ocupar el número 12, de forma que jugarían un partido cada uno, pero Mantovani iba a estrenarse contra Los Troncos de Perxitaa.

Este encuentro fue una auténtica montaña rusa. Habíamos acordado también el penalti presidente y ellos fueron los primeros en utilizarlo. Perxitaa marcó y se pusieron por delante. Después marcaron otro, así que íbamos perdiendo 2-0.

Juan pidió nuestro penalti y le di al larguero. Otro fallo por mi parte; no me lo podía creer...

Quedaba menos de la mitad del partido, pero, de forma increíble, mi equipo remontó y logró empatar cuando quedaban ocho minutos para el final. No nos dio tiempo ni a pensar en marcar un tercero, cuando lo metieron ellos. Trallazo desde el borde del área.

El partido siguió así hasta que, en el último minuto, Juan Arroita sacó otra carta de penalti que teníamos. Acción desesperada, tratando de salvarnos, pero salió mal. El portero de Los Troncos consiguió pararlo y nos dejó muertos a falta de poco para acabar.

Después, a punto de pitar el final, uno de sus jugadores tocó el balón con la mano al borde de su área.

Tiro desde fuera del área para El Barrio. Estábamos nerviosísimos.

Nuestro jugador lanzó por un lado de la barrera, la paró el portero, el balón quedó a nuestra disposición y marcamos.

¡Empate! ¡Qué locura de partido!

El comentarista se dejaba la voz. Aquello no lo esperaba nadie.

El árbitro pitó la conclusión de la segunda parte y nos íbamos a penaltis, con la particularidad de que, en la Kings League, los penaltis de desempate no son como los del fútbol convencional, sino con el jugador saliendo con el balón desde el centro del campo (penalti *shootout*).

Habría sido precioso ganar ahora, después de haber levantado un 2 a 0..., pero no pudo ser. Ellos metieron 4 y nosotros solo 1. Su portero, Pol Lechuga, tuvo una actuación increíble durante el partido y aquí también se lució.

El resumen es que luchamos cuanto pudimos, pero no lo logramos.

Ahora, el balance general era de dos victorias frente a cuatro derrotas. La situación se complicaba.

La gente en redes había perdido la fe en nosotros y ya no nos ponían como favoritos. Decían que habíamos empezado fuerte, pero que después nos desinflamos; que solo fue la suerte del primer partido.

Sin embargo, nosotros conservábamos la confianza; teníamos la sensación de que lo estábamos haciendo bien, aunque nos faltaba una pizca de suerte. Y tal vez tenía sentido que lo viéramos así, porque lo siguiente fueron tres victorias con autoridad, todas con dos goles de diferencia, contra Kunisports, Rayo de Barcelona y Jijantes.

Perdimos el partido siguiente, y entonces las matemáticas nos colocaron en una situación delicada de cara a la última jornada, porque dependíamos de lo que hicieran otros para pasar a los *play-off*.

Si Aniquiladores, xBuyer Team y 1K ganaban sus partidos y nosotros perdíamos el nuestro, estábamos fuera. Y no nos tocaba contra cualquiera, sino contra los Porcinos de Ibai Llanos, que era un equipo complicado.

Por suerte para nosotros, 1K perdió su partido y pudimos respirar. Perdimos el nuestro, pero ya no tenía importancia. ¡Estábamos dentro!

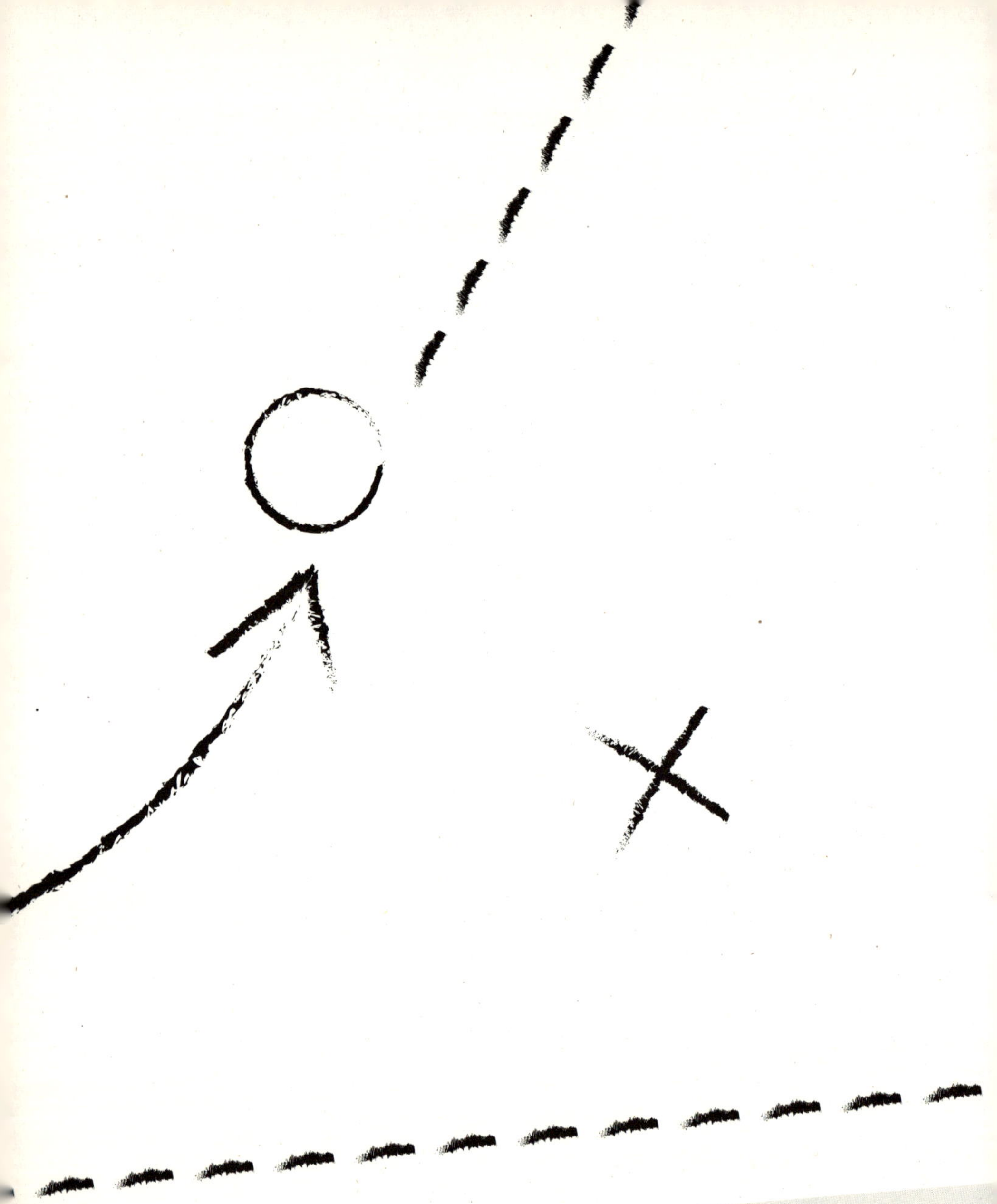

NO RENDIRSE NUNCA

CAPÍTULO 8

8

Poco después de que lográramos pasar a los ***play-off***, saltó una noticia que nos dejó a todos de piedra: **Joan Laporta** anunció que cedería el **Camp Nou** para la **Final Four de la Kings League.** Los equipos que lograran pasar a las semifinales ¡jugarían en el estadio del **Barça**! ¡El más grande de **Europa**!

¿SABÍAS **QUE...?**

El Camp Nou es el estadio más grande del mundo dedicado exclusivamente a fútbol. Solo hay dos estadios más grandes: el Melbourne Cricket Ground (Australia) y el Rungrado Primero de Mayo (Corea del Norte), pero ambos se usan para encuentros de otros deportes, además del fútbol.

Las entradas para esos encuentros estaban vendiéndose a toda velocidad, así que ya intuíamos que habría lleno total. ¡Estábamos como locos!

Si ganábamos el siguiente partido, ya tendríamos premio. Los jugadores de la Kings League venían de divisiones menores de Cataluña y nunca habían saltado a un terreno de juego de semejante categoría, así que aquella posibilidad era un sueño para todos. Imagina lo que era aquello para mí, que hasta hacía poco tiempo ni me imaginaba que podría llegar a tener mi propio equipo de fútbol.

El siguiente partido era contra Ultimate Móstoles, que había pasado como primer clasificado a los *play-off*, mientras que nosotros habíamos pasado de milagro, en último lugar. Todo el mundo asumía que ganarían ellos.

Pero teníamos confianza. En la segunda jornada de la primera fase los tuvimos contra las cuerdas y perdimos por un solo gol. Creíamos que había posibilidades.

Viajé a Barcelona antes del partido, para estar presente en los entrenamientos, y encontré a los jugadores motivados.

—Vamos a hacerlo, ¡vamos a hacerlo! —decían.

Tenían muchas ganas, a pesar de cargar con la presión de tantos comentarios en contra por parte de la prensa.

Yo estaba nervioso, pero confiaba en ellos. Aun así, pensé que necesitábamos toda la ayuda posible, así que fui al partido con las dos personas que me habían dado más suerte en el pasado: mi amigo Pedro Benito y mi madre. Por si aquello no fuera suficiente, también llevé un muñeco de peluche que había usado antes como talismán: un Hulk con la cara de Pedro Benito y al que toda la liga conocía ya como Hulk Benito.

Me preparé en la cabina desde la que vería el partido y abracé a mis tres amuletos.

El presidente del otro equipo, DjMaRiiO, también tenía su cabina a reventar. Había traído a cinco amigos y estaban todos allí dentro, apretados detrás de él.

El partido arrancó y nuestra primera ocasión llegó después de que uno de sus jugadores tocara el balón con la mano dentro del área. Lanzamos el penalti y marcamos, pero nos lo anularon por posición no reglamentaria de uno de nuestros delanteros.

Después, al final de la primera parte, tiraron el dado.

Creo que no he explicado lo del dado: los dos últimos minutos de la primera parte de los partidos se juegan con un número de jugadores que se decide en función de lo que salga al lanzar un dado. Si sale un tres, juegan tres de cada equipo (portero más otros dos). Si sale un cuatro, pues cuatro, etc.

Salga lo que salga, van a ser menos jugadores de lo habitual, porque esto es fútbol siete y lo máximo en un dado es un seis.

En esta ocasión salió un dos. Nosotros teníamos la posesión del balón, así que nuestro portero y otro jugador pasaron el rato intercambiando la bola y recibiendo abucheos por no tirar a puerta. Pero era parte de nuestra estrategia; no podíamos arriesgar hasta el último momento. Cuando llegó, hicimos una buena jugada y marcamos, así que terminamos la primera parte con 1-0.

En la segunda parte, supimos aprovechar esa ventaja y marcamos otros dos. La gente no se lo podía creer. Estábamos barriendo al mejor equipo de la Kings League. No conseguían marcar en nuestra portería.

Cuando quedaban pocos minutos para el final, yo no paraba de repetir lo mismo una y otra vez:

—¡Nos vamos al Camp Nou! ¡¡Estamos en el Camp Nou!!

Pitaron el final y salí corriendo a abrazarme con mis jugadores. Recuerdo que el primero sobre el que me lancé fue Nico Pareja. Qué momentazo; todo el mundo emocionado pensando en el siguiente partido.

Otros amigos míos saltaron también al campo. Ari Geli apareció por allí. También estaba Diego Campoy, el de *Charlas de fútbol*, que había venido a cubrir el partido para *Relevo*.

Los comentaristas seguían diciendo que nadie había esperado esto. Ni siquiera que ganara El Barrio; pero, además, ¡con esa contundencia! Habíamos dado la sorpresa.

Lo seguíamos celebrando porque ya nos sentíamos triunfadores. No pensábamos en ganar la Kings League, sino en que íbamos a jugar en el Camp Nou delante de un montón de gente.

Todo había pasado tan deprisa que no me había dado tiempo ni a soñarlo.

EL CAMBIO **DE RUTINA**

Echando la vista atrás, me percaté de que la Kings League me había cambiado la vida sin darme cuenta.

Cuando me ficharon como presidente, empecé intentando compaginarlo todo; lo que había estado haciendo hasta entonces y lo que venía por delante. Mantuve mis redes y añadí el trabajo de las redes de El Barrio, pero enseguida surgieron inconvenientes. No tenía experiencia en nada de lo que me venía encima y, al principio, me tocaba gestionarlo todo. Tenía que hablar con el entrenador, con el fisio y con los jugadores; por chat durante la semana y en persona los fines de semana, cuando viajaba a Barcelona para los partidos. Tres horas de tren de ida y otras tres de vuelta.

Eso hacía muy difícil estar al tanto de lo que ocurría en el fútbol tradicional, así que, poco a poco, dejé de subir tantas publicaciones.

En un primer momento, el asunto me preocupó. Publicar sobre fútbol era lo que me había ayudado a llegar hasta donde estaba, era mi esencia, pero tenía que ser consciente de que era un privilegio haber sido admitido como presidente de un equipo de la Kings League. A muchos les habría gustado estar en mi lugar. No podía desaprovechar la oportunidad.

Así que asumí la separación con el fútbol tradicional. De todos modos, era algo a lo que podría volver en cualquier momento. Siempre estaría ahí.

Aquel primer *split* me hizo darme cuenta, también, de que no podía encargarme yo solo de tantas cosas. Además, poco después llegaría el equipo femenino de la Queens League, que supondría duplicarlo todo: dos equipos, dos entrenadores, dos fisios... Terminé por buscar un *community manager* para las redes de El Barrio y un *team manager* para muchos asuntos del equipo.

Pero eso, como he dicho, fue después. En el momento de ganar el partido de octavos, todavía estaba dentro de la vorágine del primer *split*.

¿EL PENÚLTIMO **PARTIDO?**

Las cosas cambiaron un montón después del encuentro contra Ultimate Móstoles. No solo íbamos a jugar en un estadio de Primera, sino que nos trataron como a los equipos de Primera. Hicimos hasta una rueda de prensa en el Camp Nou, nos alojamos en un hotel de concentración, nos llevaban en autobús a todas partes y entrenamos en la ciudad deportiva del Barça.

Los jugadores estaban flipando.

Nico Pareja se había hecho polvo en el partido anterior, pero tanto él como Mantovani querían jugar en el Camp Nou. En un principio, nos plateamos que jugara primero Mantovani y después, si pasábamos, Pareja estaría en la final. Pero no nos dejaron usar esa opción; tenía que ser el mismo número 12 para ambos partidos, así que tuvimos que elegir a Mantovani. Era demasiado arriesgado meter al campo en dos partidos seguidos a un jugador que no estuviera al cien por cien.

Cuando llegó el día del encuentro, todos estábamos en una nube. Creo que no pensábamos ni en ganar. Los otros dos semifinalistas ya habían jugado su partido y ni siquiera me preocupé de saber qué había pasado. Para nosotros el premio era estar allí.

El estadio estaba a reventar; es muy difícil de explicar lo que se siente cuando tanta gente te está mirando. Hay algo en el aire, como una vibración.

Nos tocaba contra los Saiyans de TheGrefg.

Nada más empezar, Juan pidió el penalti presidente y salí a lanzar. Pero no hubo suerte: otro fallo. Ya llevaba tres. Me estaba haciendo famoso por fallar penaltis, pero no me preocupó demasiado. El subidón de haber llegado hasta donde estábamos me curaba de los pequeños disgustos.

La cosa siguió igualada hasta que tocó tirar el dado. Salió dos contra dos, y nadie esperaba lo que iba a ocurrir a continuación.

Primero marcamos nosotros, después ellos, después nosotros y, justo al final de la primera parte, otra vez ellos. Increíble. Cuatro goles en dos minutos. Todo seguía igual, pero había sido un auténtico espectáculo.

En la segunda parte, conseguimos adelantarnos lanzando un misil desde fuera del área. Pero quedaba su penalti presidente, y Grefg los tiraba mejor que yo. Y lo marcó.

Empate otra vez, que duró toda la segunda parte. Parecía que iba a acabar así, hasta que, justo cuando empezaba el tiempo de descuento, ¡marcamos un gol de cabeza!

Todo el mundo se puso en pie. Terminaron los últimos minutos y el árbitro pitó el final. Habíamos jugado de maravilla en el Camp Nou ¡y habíamos ganado!

Salté al campo a celebrarlo con todo el mundo. ¡Acababa de darme cuenta de que íbamos a la final!

Y también, de repente, me di cuenta de que podíamos ganar la Kings League.

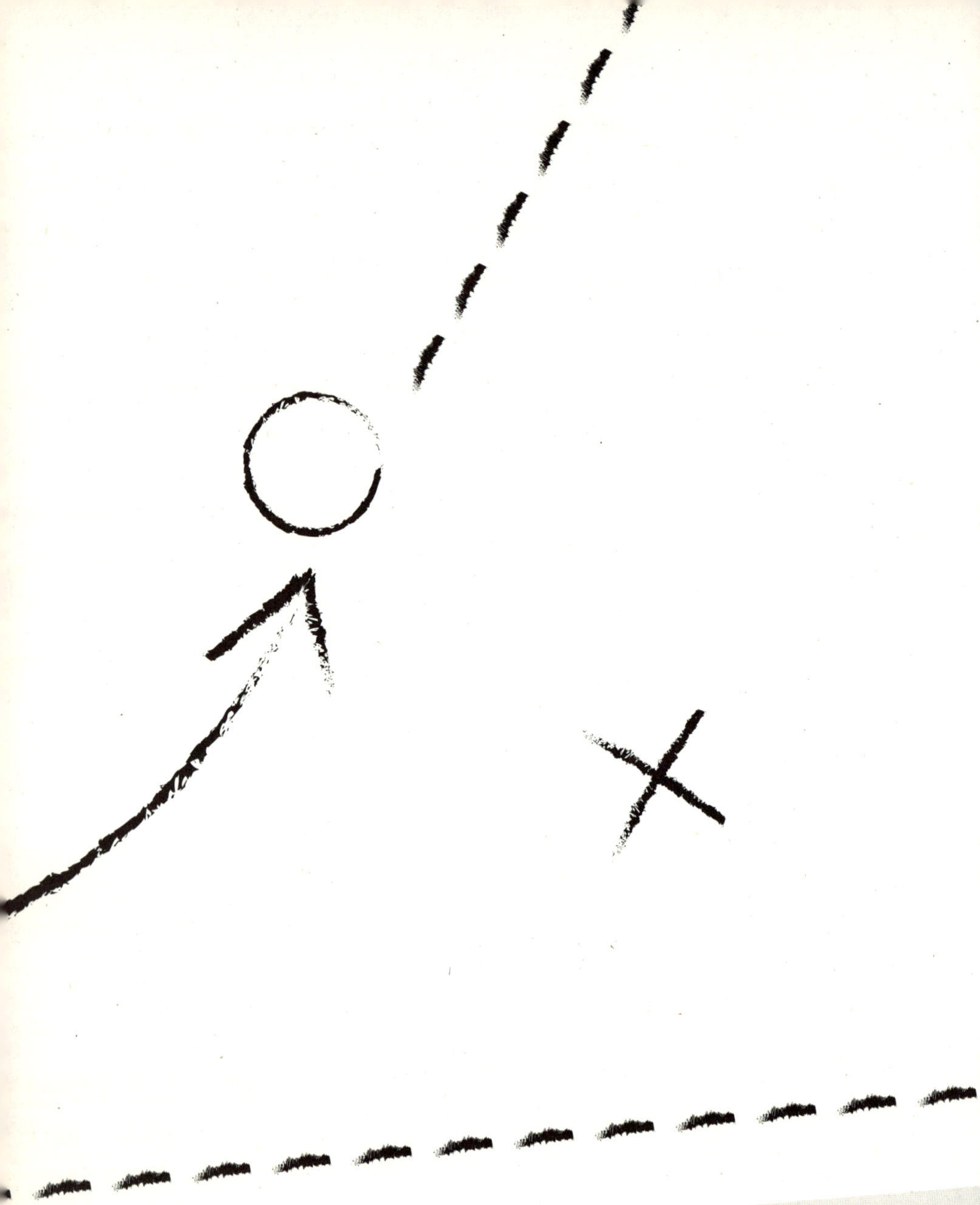

CONTEMPLAR A LOS MÁS GRANDES

CAPÍTULO 9

9

Los días previos a la **final** estaba más nervioso de lo que lo había estado en toda mi **vida.** Me pasaron cosas que no me habían pasado nunca. Tenía **náuseas** y no paraba de ir al baño. Me entraban ganas de llorar antes de irme a **dormir.** Guardaba un enorme cúmulo de **sensaciones** en el cuerpo.

No sabía si era porque tendría que tirar otro penalti en la final y podría volver a fallar, o por la responsabilidad que sentía como presidente del equipo, o por la presión mediática, o porque todo era tan grande de repente... El caso era que no estaba bien.

Habían pasado demasiadas cosas en muy poco tiempo.

La Kings League ocupaba tanto espacio en mi vida que había llegado a eclipsar otro sueño que acababa de cumplir, tres meses atrás, justo antes de que empezaran los partidos de El Barrio...

EL VIAJE **IMPOSIBLE**

Durante 2022 —antes de que llegara aquel primer mensaje de Piqué—, yo llevaba tiempo intentando acudir como creador de contenido al mayor evento de fútbol del planeta. Había llamado a todos los contactos posibles y había removido cielo y tierra. No quería viajar de cualquier manera, sino con un mínimo de apoyo por parte de alguna marca, así que tuve reuniones con varias de ellas. También probé suerte llamando a la puerta de los medios de comunicación por si a alguno le interesaba llevarme con él a cubrir la Copa del Mundo. Pero no hubo manera. Seis meses sin parar y ningún resultado.

El Mundial empezaría en noviembre de 2022, que estaba a la vuelta de la esquina, y yo daba por hecho que había agotado todas mis posibilidades cuando, de repente, recibí una llamada inesperada.

—¡¿Qué pasa, Adri?! ¿Todo bien, amigo? —saludó. Era Rafael Escrig, que fue *youtuber* durante un tiempo y ahora trabajaba en DAZN—. Oye: ¿te gustaría ir al Mundial de Catar?

Me quedé un momento sin habla.

—¿Cómo? ¿En serio? —dudé—. Lo he intentado todo, pero no lo consigo...

—A lo mejor hay una opción —planteó Rafa—. La FIFA está seleccionando a cincuenta aficionados de cada país y yo estoy dentro del grupo de los españoles. Pagan el viaje y el alojamiento. Tengo dos plazas libres, además de la mía. Había pensado en ti y en Pedro Benito.

—¡No me lo puedo creer! —exclamé—. ¡Claro que sí! ¡Voy de cabeza!

Colgué y no podía controlar la euforia. ¡Me ofrecían un mes entero en Catar! Aquello reunía los tres ingredientes que más ilusión me hacen en la vida: viajar, crear contenido ¡y fútbol!

Hablé con Pedro Benito, pero no podía venir, así que se lo ofrecí a Gomez Nawer y no lo dudó ni un instante. Aun así, decidimos no contárselo a nadie hasta que estuviera cien por cien confirmado. ¡Nos daba miedo gafarlo!

El día que todo quedó cerrado, lo anuncié en mi canal con un vídeo superemotivo. Estaba a punto de cumplir uno de mis grandes objetivos de cuando era pequeño.

Más o menos por entonces fue cuando llegó la invitación de la Kings League, aunque, en aquel momento, no era capaz de calibrar el tamaño que acabaría por tener el proyecto. En todo caso, después de aceptar y preparar lo necesario para que echara a andar El Barrio, participé en la presentación de la Kings League el 10 de noviembre en Barcelona.

Al día siguiente era mi cumpleaños y decidí irme con mis amigos de viaje a Londres. Necesitaba desconectar porque mi cabeza no lograba asimilar todo lo que estaba pasando en tan poco tiempo.

A continuación, se abría un espacio de casi dos meses antes del *draft*, que sería a finales de diciembre de 2022. En ese tiempo pude vivir la experiencia más increíble de mi vida: ¡el Mundial!

CATAR

Empecé a grabar desde el minuto uno; desde que nos pusimos a hacer el equipaje. No es broma. Ya que iba a vivir una experiencia tan épica, quería compartirla al completo con todos mis seguidores.

El día 20 de noviembre, de madrugada, mostré mi maleta, la cerré y salimos de camino al aeropuerto. Tiré de vídeo todo el camino con Gomez Nawer. Luego fueron siete horas y media de vuelo hasta que aterrizamos en Catar.

Por cierto, menuda llegada... No teníamos dinero en efectivo y no nos funcionaban las tarjetas —ni siquiera para sacar dinero en los cajeros—, así que no podíamos comprar comida ni en la máquina expendedora del hotel. La única manera de solucionarlo fue ir a un centro comercial a configurar de nuevo las tarjetas, pero tuvimos que ir andando, ya que no podíamos pagar ningún transporte. Y eso fue al día siguiente, después de estar día y medio sin comer.

Una vez resuelto aquel problema, pude centrarme en el Mundial y en lo que había ido a hacer: ¡crear contenido a muerte! Si en España publicaba veinte tiktoks diarios, en Catar subí de treinta a cicuenta, además de un vídeo para YouTube cada día. Y eso sin descuidar Instagram. Pasaba las veinticuatro horas grabando en horizontal, para YouTube, y después en vertical para TikTok. Todo el tiempo así: girando el móvil y grabando.

¡Había mucho que contar!

Me habían proporcionado el viaje, la estancia y entradas para varios partidos, pero no para todos. Algunos tiques los tenía que conseguir yo.

Fui a todos los encuentros que pude, pero los que más me importaban eran los de España y los de Argentina. Tenía la oportunidad de ver a Messi de cerca, y jugando su último mundial. Eso le daba un sabor más épico.

Con la selección española pasó un poco de todo. En la fase de grupos, ganó el primer encuentro con un 7-0 contra Costa Rica, el 23 de noviembre. Toda una sorpresa para mí, que no tenía mucha fe en que nuestro equipo fuera a pasar más allá de cuartos de final, pero aquel partido nos hizo soñar a todos. Fue algo increíble estar allí y ser testigo de un principio de mundial como aquel, con una goleada de ese calibre. Debió de ser una de las más grandes ocurridas en un mundial.

¿SABÍAS **QUE...?**

La máxima goleada en un mundial fue el 10-1 que hizo Hungría contra El Salvador en el Nuevo Estadio de Elche, el 15 de junio de 1982, en España.

Lo más gracioso es que casi acierto con el resultado. Lo dije así, tal cual, en las apuestas que hicimos antes del partido:

—Le vamos a meter 8-0 a Costa Rica.

Todos creían que estaba loco, pero por poco se cumple.

El siguiente partido fue contra Alemania, que nos devolvió a la realidad con un empate a uno. De aquel encuentro recuerdo que me sorprendió mucho la actuación de Jamal Musiala en el centro del campo.

El último partido de aquella fase fue contra Japón, que dio la sorpresa ganando a España 2-1. Aun así, pasábamos a octavos de final. Un detalle muy curioso fue ver a los aficionados japoneses limpiando las gradas antes de marcharse del estadio. La gente iba saliendo, mientras ellos seguían limpiando. No había visto nada igual en la vida.

Antes del partido de Japón, mi patrocinador me había dado la oportunidad de colocar el balón en el soporte del que más tarde lo recogería el árbitro antes del inicio. Fue algo muy especial para mí (aunque no sé si, al hacerlo, le di mala suerte a España...). Además de eso, me consiguieron la posibilidad de entrevistar a varias figuras importantes como Xavi Hernández, David Villa, Michel Salgado, Rafinha y Aymeric Laporte.

Lo de Xavi fue bastante impactante. Era un jugador mítico, que estuvo en el mejor Barça y en la mejor selección española de la historia. Cuando lo tuve delante, me puse muy nervioso; era como si hubiera un aura alrededor de él y me imponía un montón. Solo pudimos hablar durante cinco minutos, pero los exprimí al máximo y, de hecho, muchos de los titulares que Xavi me dio aquel día fueron usados por varios medios de prensa de dentro y fuera de España. Un auténtico orgullo.

De aquello también fueron testigos los xBuyer. Apenas nos conocíamos antes de Catar, pero durante aquel viaje pasamos mucho tiempo juntos y ahora los considero mis amigos. De hecho, son los presidentes de la Kings League con los que tengo más relación.

A medida que avanzaba el Mundial, había más tiempo libre entre partidos e hice varios planes con mis amigos, como el día en que fuimos al desierto. Fue algo increíble, aunque me decepcionó un poco el trato que recibían los camellos. No grabé demasiado en aquella visita porque me daban mucha pena aquellos pobres animales...

Durante la primera fase, también asistí a otros partidos en los que no jugaban España ni Argentina, como fue el caso del de México contra Polonia, que acabó con empate a uno y en el que aluciné con la entrega de la afición de México.

¿SABÍAS **QUE...?**

El partido de México contra Polonia se jugó en el Estadio 974, construido con un diseño modular que incorporaba contenedores reciclados, asientos desmontables y otros bloques de construcción, en homenaje a la historia industrial del lugar en el que fue instalado.

Finalizada la fase de grupos, España pasó a octavos, y el siguiente rival sería Marruecos, el día 6 de diciembre. No podía ni imaginar lo que vendría con aquel partido... No me refiero a lo que pasó en el terreno de juego, sino fuera de él: una de las experiencias más impactantes que he vivido.

ESPAÑA-MARRUECOS

Llegamos al estadio y nos encontramos con una desproporcionada cantidad de gente y muchísimo personal de seguridad.

Había rumores de que una avalancha de aficionados marroquíes podría intentar acceder sin entrada. Aquel partido tenía mucha relevancia para ellos porque, si ganaban, pasarían a cuartos de final de un mundial por primera vez en su historia.

Habíamos llegado con tiempo de sobra, pero dio lo mismo. El barullo era tan grande que alcanzamos la entrada cinco minutos tarde y nos encontramos con el acceso cerrado. Y allí, esperando para entrar, comprobé que los rumores eran ciertos: había gente intentando pasar con entradas falsas, gente queriendo pasar de cualquier manera sin entrada, la policía dándole con las porras y llevándosela de allí como podía... Yo no dejaba de alucinar.

Al final, conseguimos entrar sin que nos pasara nada. Y lo de dentro fue aún más impactante. Se había batido el récord de asistentes de aquel estadio: casi cuarenta y cinco mil personas, siendo la inmensa mayoría seguidores de Marruecos.

El clamor era tan grande que no escuchabas hablar al que estaba a tu lado. Fue algo de otro planeta; nunca he visto semejante ambiente en un partido de fútbol y no sé si alguna vez volveré a verlo. La afición de Marruecos apretaba con todas sus ganas y no dejaba de animar en ningún momento.

El encuentro acabó en empate y fuimos a los penaltis. En esa parte, los hinchas marroquíes tuvieron tanta importancia como los jugadores. Cada vez que tiraba España, el ruido era ensordecedor. No quiero ni imaginarme la presión que caía sobre cada español antes de golpear el balón.

Al final, ganó Marruecos y nos echó del Mundial. Una pena, desde luego, pero tengo que decirlo: aquella afición lo dio todo para apoyar a su equipo. Fue clave en la victoria de su selección. Jamás vi algo parecido. A pesar de nuestra derrota, fue muy especial ser testigo de la alegría tan desbordante que tenían ellos.

Pero no nos engañemos: fue un palo que España se quedará fuera en octavos de final. Luis Enrique había creado algo muy especial con aquel equipo y me dieron ganas de regresar a casa, ahora que mi selección había sido eliminada. Me lo llegué a plantear en serio, aunque luego recapacité y recordé lo que había ido a hacer allí; era creador de contenido y eso era lo que tenía que seguir haciendo.

EL CAMINO **A LA FINAL**

Una vez que España quedó fuera, la selección que tenía ganas de que ganara era Argentina. Me encanta su gente, su acento y su forma de ser. Tengo buenos amigos allí y es un país que llevo años queriendo visitar. Además, por supuesto, estaba Messi. Llevaba tiempo viéndolo avanzar con su equipo en Catar, aunque supuso un verdadero esfuerzo económico para mí. No me habían conseguido entradas para Argentina. Tuve que buscarlas todas por mi cuenta, y estaban muy cotizadas.

Lo de la primera entrada fue un pequeño bajón: pagar trescientos dólares para ver a Messi perder contra Arabia Saudí... Me sentó un poco mal y me hizo plantearme si estaba invirtiendo bien aquel dinero. Pero era el último mundial de Messi, así que sí, decidí que estaba bien gastado.

Después cambió la cosa para Argentina. Ganaron los siguientes dos partidos y quedaron primeros de grupo.

Y luego, llegaron los cruces eliminatorios. Entonces es cuando empecé a perder pasta de verdad...

Me acerqué hasta las inmediaciones del estadio a por una entrada para el Argentina-Australia y tuve suerte. Encontré a un hombre que me la ofrecía por trescientos dólares, que era justo el dinero que yo llevaba encima. Pero, justo cuando iba a comprarla, apareció un aficionado argentino vestido con toda la parafernalia: la camiseta, el sombrero y la cara pintada. Estaba desesperado.

—Por favor, ¡necesito esa entrada! —dijo.

—Lo siento, pero este chico me la ha pedido primero —explicó el vendedor señalándome a mí.

Sin embargo, me dio pena dejar a aquel hombre sin ver a su selección.

—No pasa nada —le dije finalmente al vendedor—. Dásela a él; ya buscaré otra.

El argentino se puso muy contento y me dio las gracias efusivamente.

Lo malo es que, después de eso, no encontré a nadie que me vendiera una entrada por menos de quinientos dólares. Nadie bajaba de esa cifra. Estuve esperando hasta media hora antes del partido, pero nada, que no. Quinientos dólares o no había entrada, así que me marché a casa y vi el partido desde allí. Por suerte, ganó Argentina, y eso me dio la oportunidad de buscar entradas para los siguientes partidos.

La de cuartos de final me costó seiscientos cincuenta dólares. Cada vez eran más caras. Y cada vez era más difícil conseguirlas. Los propios aficionados argentinos lo tenían difícil para entrar en los partidos. Ni siquiera los jugadores tenían entradas para ofrecer a los familiares.

De hecho, la entrada de la semifinal la conseguí por una carambola del destino: ¡me escribieron dos seguidores argentinos de Instagram para ofrecérmela! Fue algo totalmente inesperado. Fui a su hotel, me hice una foto con ellos, se la compré y les di las gracias por contactarme.

Lo de la final ya fue imposible. Busqué y busqué, pero no hubo manera. No me lo podía creer... Uno de los partidos más importantes de la historia, con dos capitanes como Messi y Mbappé liderando dos selecciones increíbles. Iba a ser la última final de Messi y su posibilidad de romper la mala racha de Argentina, que no ganaba un mundial desde 1986, con Maradona. Treinta y seis años habían pasado...

¿SABÍAS **QUE...?**

Maradona no metió ningún gol en la final de 1986, pero marcó dos en cuartos de final contra Inglaterra: a uno lo llamaron «el gol del siglo» y al otro «la mano de Dios» (lo metió con la mano y sin que el árbitro se diera cuenta).

Era un encuentro lleno de calificativos; lleno de leyenda. ¡Y me iba a quedar fuera! Una verdadera lástima...

Se lo conté a José María Matos, un conocido de mi etapa en *El chiringuito* y él me planteó una posibilidad: había otro miembro del programa, Elías Gallego, que también estaba en Catar y tenía una entrada de sobra. Le llamé enseguida.

—Hola, Elías, ¿es verdad que tienes una entrada? —pregunté.

—Sí. Y me gustaría ir con alguien de confianza —explicó Elías—. Pero tengo que recuperar lo que me ha costado, supongo que lo entiendes... Han sido tres mil quinientos euros.

—Uy... —murmuré. Era mucho.

—Es muy buen sitio, ¿eh? —añadió Elías—. Categoría 1, cerca del césped.

Cerré los ojos y me llevé la mano a la frente.

—Gracias por acordarte de mí —dije—. Déjame que lo piense, ¿vale?

—Claro. Espero a lo que me digas.

Colgué y resoplé. Mucho dinero.

Lo tenía, pero... Ay...

Se lo conté a los xBuyer y me explicaron que ellos habían pagado lo mismo por unas entradas peores, en asientos más alejados del campo. Aquello me hizo verlo de otra manera. Sabía que era una pequeña locura, pero todo lo había sido en aquel mundial. Fue tremendo desde el principio; en las redes también. Mi canal había crecido como la espuma. Tanto trabajo había dado sus frutos y había conseguido un *boom* de seguidores. Batía récords de visitas: 800 millones en un mes.

Y la gente respondía de maravilla; era genial. Me daban las gracias desde todas las partes del mundo por compartir tanta información; por ayudar a vivirlo de primera mano. Aquello iba más allá del periodismo o de las retransmisiones. Estaba más cerca que nunca de mis seguidores, mientras seguía haciendo lo que más me gustaba hacer.

El teléfono volvió a sonar. Otra vez Elías.

—Hola Adri —saludó. Sonaba preocupado. Por un momento, temí lo peor—. Perdona por las prisas, pero... Hay un francés que me está ofreciendo siete mil euros por la entrada. Si no te la quedas tú, se la debería vender a este hombre...

Aquello fue un detalle por parte de Elías. Le ofrecían el doble, pero me daba la oportunidad de ir con él.

«Tengo que estar en la final», pensé. «Tengo que hacerlo».

Si gastaba ese pastizal en una locura, tenía que ser en una como esa.

—Voy, Elías —dije—. ¡Claro que voy!

Y menos mal que fui. Si no llego a hacerlo, lo habría lamentado toda la vida.

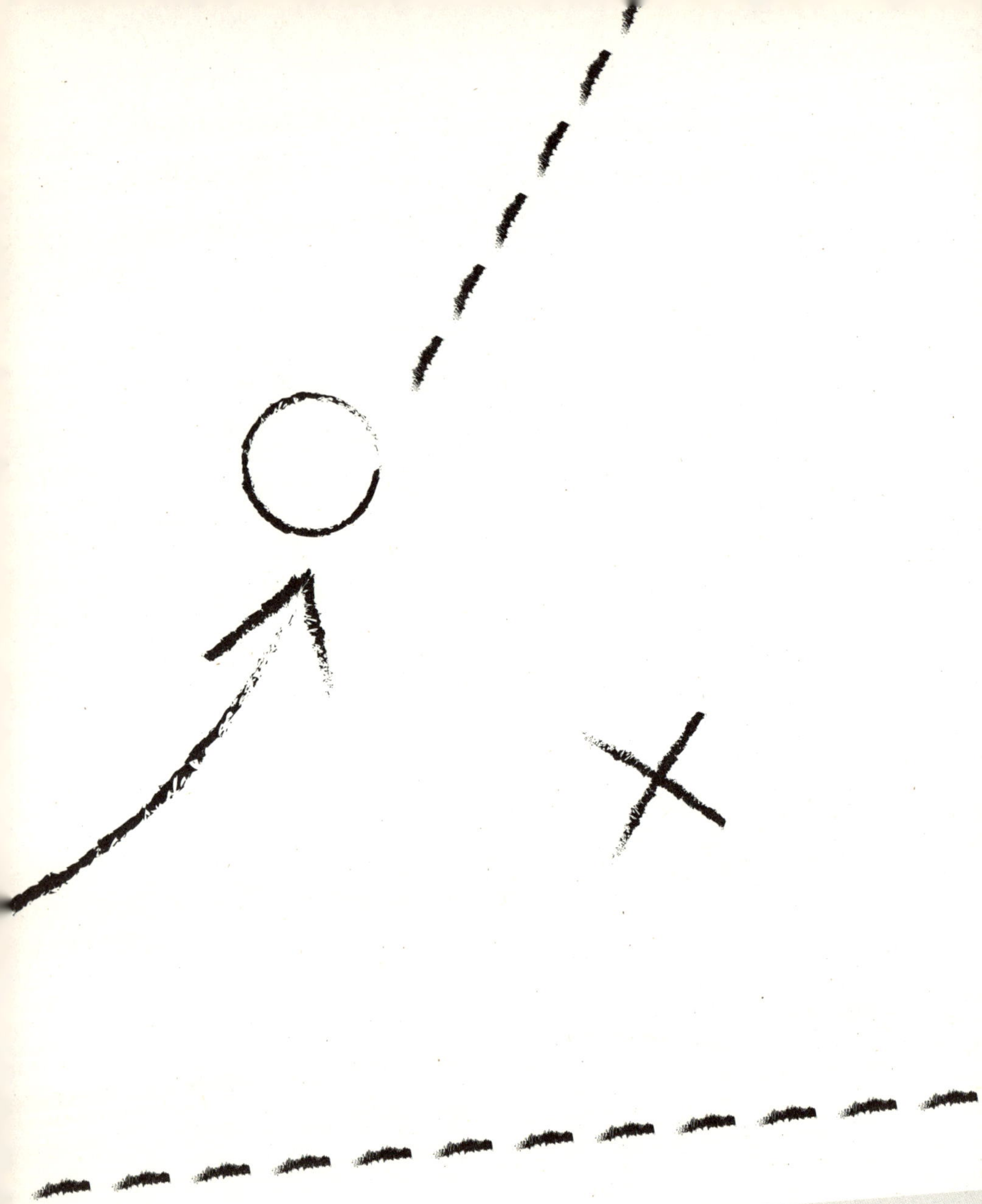

ALCANZAR LOS SUEÑOS

CAPÍTULO 10

10

UN SUEÑO DENTRO DE OTRO

El día de la final, **18 de diciembre de 2022,** estaba tan nervioso como si fuera a jugar yo. Me notaba **inquieto** antes incluso de salir del **hotel.**

Llegué al estadio, comenzó el partido y no hubo tiempo para muchos sobresaltos. Argentina metió dos goles en la primera parte y así se fueron al descanso. ¡Yo estaba pletórico!

En la segunda mitad, Argentina mantuvo la ventaja hasta casi el final.

«Vamos, vamos...», pensaba. «Solo un poco más».

La cosa pintaba fatal para Francia, pero, de pronto, pitaron un penalti a su favor y metieron un gol. Apenas un minuto después, Mbappé marcó otro.

De repente, había un empate.

Todo había ocurrido muy rápido. Fue un jarro de agua fría para los argentinos. Y para mí, que estaba entregadísimo con ellos. Justo cuando parecía que se llevaban el Mundial a casa, tenían que volver a empezar desde el principio.

Acabó el partido y tocaba la prórroga. Una lástima.

En el primer tiempo, Argentina se adelantó, pero después pitaron otro penalti a favor de Francia y empataron de nuevo. ¡Madre mía!, seguía todo igual...

Se acabó la prórroga y llegaron los penaltis. ¡Aquello era pura tensión! Se palpaban los nervios en el estadio. Yo también me tiraba de los pelos.

¿SABÍAS **QUE...?**

Solo tres finales de un mundial se han decidido con penaltis: Estados Unidos 1994, Alemania 2006 y Catar 2022.

Con cada disparo, se me paraba el corazón.

El Dibu Martínez, porterazo de Argentina, fue inolvidable. Paró un penalti y estuvo a punto de parar otro. Luego, Francia lanzó una pelota fuera.

Cuando le tocó tirar a Gonzalo Montiel, todos cruzábamos los dedos. El mundial entero dependía de su pierna. Si lo metía, Argentina ganaba.

Medio estadio se tapaba la boca con los puños.

Montiel engañó al portero, que se lanzó a la izquierda mientras la pelota se clavaba en el otro lado.

¡¡Sííííí!!

Toda la gente se puso en pie y hubo un grito unánime. Montiel salió corriendo hacia el córner, perseguido por sus compañeros. El banquillo argentino entero saltó al césped. Me acuerdo perfectamente de ver a Messi sentándose en el centro del campo, rompiendo a llorar, y a sus compañeros yendo a abrazarle. Lo había conseguido. Se me ponen los pelos de punta al recordarlo.

Había grabado todas mis reacciones durante el partido y todavía seguí grabando mientras entregaban los premios; y también después, cuando mucha gente de las gradas saltó al terreno de juego a saludar a la selección argentina.

No me quería ir.

Salí del estadio cuando ya no me dejaban quedarme más tiempo. Me habría encantado marcharme a celebrarlo con los argentinos, pero mi vuelo salía de madrugada. Así que tenía que marcharme a recoger todo lo del hotel. Aun así, desde el estadio al hotel seguí registrándolo todo en vídeo, todo el tiempo que pude, y haciendo memoria de todo lo que había pasado. Todavía no me lo creía. No puedo decir que haya sido el mejor día de mi vida, pero, sin duda, fue uno de los mejores.

El toque rancio del asunto lo pusieron los que me criticaron en las redes por ser un español que seguía a Argentina y que lo vivía tanto. Aunque me dio exactamente igual.

Si España hubiera alcanzado la final contra Argentina, está claro que hubiera ido con los españoles, pero las cosas no salieron así y me quedé con Messi. Y lo digo con orgullo. Después de la caída de España, seguí a Argentina con tantas ganas como el resto de los aficionados, y me alegré sinceramente por ellos.

Fue un mundial irrepetible. El primero al que asistía y con tantas cosas como me ocurrieron... Volví a pensar en aquel chaval que hacía anotaciones en su libreta delante del teletexto y sentí que le había hecho el mejor regalo que podría haberle hecho nunca. Al menos, hasta ahora...

EL BARRIO **EN LA FINAL**

Tres meses después de la final del Mundial estaba entrando en el Camp Nou con Juan Arroita y el resto de mi equipo. Era 26 de marzo de 2023. Primera final del primer *split* de la Kings League.

Todavía no podía creerlo.

Al pisar el campo, desaparecieron los nervios y se transformaron en otra cosa. Tenía ganas de empezar; ganas de participar. Nos tocaba contra Aniquiladores, que fueron séptimos en la clasificación de la primera fase.

Quién lo iba a decir: una final de los séptimos contra los octavos.

Yo había fallado los tres penaltis que había tirado hasta entonces, pero no estaba asustado: quería tirar el de aquel día cuanto antes.

Recuerdo cómo, antes del partido, Nico Pareja se acercó a mi *set up* y me preguntó si prefería lanzarlo en el minuto 5, pero dije que no.

—Quiero hacerlo nada más empezar —propuse. Estaba muy confiado y quería tirarlo lo antes posible.

Comenzó el partido y Juan Arroita pidió el penalti, a los diez segundos del inicio.

Yo estaba junto a mi madre, una vez más. Le di un beso y salí al campo con el peluche de Hulk Benito en los brazos. Pedro no había podido ir, pero me acompañaban mis otros dos talismanes.

Los jugadores de El Barrio se colocaron abrazados y mirando en dirección al campo. Juan les había dicho que esta vez sí que lo marcaría. Estaba seguro. Piqué también confiaba en que iba a ser gol y así lo confesaron en la retransmisión.

Dejé a Hulk Benito al borde del área, abracé al portero de Aniquiladores, Dani Pérez, recibí el balón y lo coloqué en su lugar. Ya sabía hacia dónde iba a lanzar; hacia el mismo sitio que la última vez, a mi derecha.

El estadio entero coreaba. Notaba que estaban todos con nosotros; con El Barrio. Había energía a mi alrededor. Decían mi nombre. Ese balón iba dentro; era lo que tenía que pasar.

Miré hacia arriba, a las gradas, que estaban llenas a reventar, y sonreí por dentro. Sentía que lo iba a hacer. Era mi momento y no iba a fallar. Pitaron y lancé.

Hubo un solo milisegundo de duda cuando el portero se tiró hacia el mismo lado que chuté. Pero no llegó a tocarlo y el balón entró directo a la escuadra.

Me di la vuelta, puse las manos sobre el pecho y cerré los ojos. La presión se había esfumado de golpe. El grito de la gente se me metió dentro y subió con un torrente de adrenalina.

Cuando abrí los ojos, los jugadores de El Barrio ya se me estaban echando encima. Me abrazaron juntos mientras gritaban, todos a la vez:

—¡Vamos a ganar!

—¡Ganamos!

—¡Nos vas a llevar a la victoria!

—¡Lo has hecho! ¡¡Lo has hecho!!

Al abandonar el campo, me abracé con todo el banquillo. El estadio entero aplaudía mientras yo volvía a mi sitio. Enseñé el puño en señal de triunfo, abracé a mi madre y me dejé caer en el asiento. Acababa de quitarme un enorme peso de encima. Se dibujó una sonrisa en mi cara y ya no se fue en toda la tarde.

En el minuto 3, El Barrio marcó otro gol, así que ya íbamos 2-0 y todo estaba de cara. Después llegaría el 3-0.

Juan Guarnizo, presidente de Aniquiladores, prefería no tirar el penalti presidente y le cedió la oportunidad a Espe, presidenta de su equipo en la Queens League. Pero Espe no marcó. Además, Aniquiladores no consiguió meter ningún otro gol porque estuvimos imbatibles en defensa.

Cuando pitaron el final, todos saltamos al césped. Fue una felicidad inmensa. No hay palabras para explicar aquello. Todo el mundo estaba llorando.

Vinieron los demás presidentes y Piqué a darme la enhorabuena. Todos se alegraban sinceramente por nosotros.

Aquello parecía un guion de película: había ganado el equipo con menos recursos y con el presidente menos conocido, entrando de milagro en los *play-off* y habiendo fallado yo tres penaltis.

Seguí deambulando por el campo con una sonrisa imborrable y sin saber qué más decir a las cámaras. Me preguntaron en quién estaba pensando en aquellos momentos y, de repente, aparecieron Gomez Nawer, Ari Geli, Llobeti y Xoan Ramos corriendo hacia mí. Se habían colado en el campo, se me echaron encima, me tiraron al suelo y me abrazaron. Luego me levantaron y empezaron a mantearme.

La sensación de que los tuyos se alegran tanto o más que tú de tus éxitos es algo único.

Después llegó la entrega de premios. Joan Laporta nos puso las medallas y después llegó Piqué con la copa. La recibimos todos juntos, ya posando para las cámaras, pero la copa pesaba un montón y casi se nos cae por la espalda. La seguimos levantando inclinada hasta que logramos ponerla derecha. Luego la abracé y me hice más fotos con ella.

Nos la llevamos al vestuario y allí seguimos cantando, celebrando y agitando y descorchando botellas de cava para empaparnos, felices, unos a otros.

Estaba mucho más relajado. Subí unas cuantas fotos a las redes y aluciné con la repercusión que ya empezaba a tener lo que acababa de pasar. Comenzaron a llamarme desde varios medios de comunicación para hablar conmigo.

Me escribió un montón de gente, incluso personas que no sabía que tenía en mis contactos. El buzón estaba a reventar.

Todos estábamos eufóricos, preparándonos para la fiesta de después, que iba a ser la apoteosis. Fui al hotel a cambiarme de ropa, pero, entonces, me pasó otra cosa que tampoco me había ocurrido nunca: me dejaron de funcionar el cuerpo y la cabeza. Llegué a la habitación y me noté completamente saturado. No podía hacer nada; ni siquiera seguir leyendo mensajes.

Sin fuerzas para nada más, hice lo único de lo que me veía capaz: puse el móvil en modo avión y me tumbé en la cama.

Y me quedé dormido en cuestión de segundos.

Al día siguiente, tenía aún más mensajes y llamadas perdidas. Muchas eran de los que me preguntaban dónde estaba y cómo era posible que no hubiera salido a celebrar la victoria. Se habían ido de fiesta todos menos yo.

Ya estaba recuperado de aquella especie de colapso que sufrí el día anterior, pero, aun así, no me veía capaz de atender a tantas llamadas de prensa, radio y televisión. Y eso que algunas me hicieron muchísima ilusión, como la solicitud de entrevista en *La resistencia*, un programa que sigo y que me encanta.

Avisé a mi agencia y les pedí que lo gestionaran ellos; que programaran todo, si era posible, para un mismo día que dedicaría a atender a todo el mundo. Ahora necesitaba descansar.

Entré en TikTok y todo eran vídeos de El Barrio. Una locura absoluta. Mi canal había ganado una cantidad de seguidores que no había tenido nunca.

Hice la maleta y me fui a tomar el tren de vuelta a Madrid. Tenía la sensación de estar poniendo fin a un capítulo importantísimo de mi vida, pero, en realidad, aquello era solo el principio...

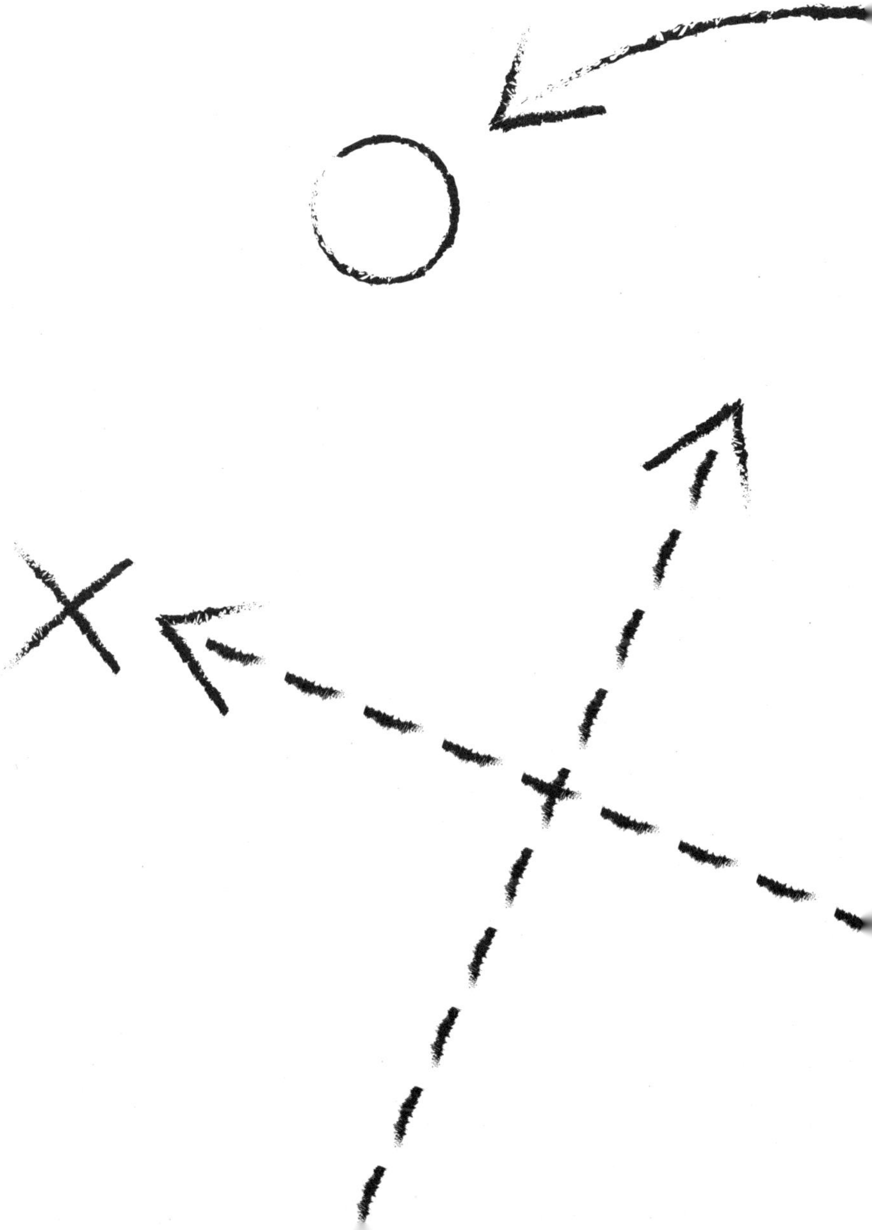

EPÍLOGO

Después de aquel primer *split*, hubo unos cuantos cambios en la Kings League. Introdujeron nuevas reglas —como el gol doble en los dos últimos minutos— para dar aún más espectáculo. Era algo que no beneficiaba ni a unos ni a otros. Pero después llegaron más cambios que sí desequilibraron la balanza.

Para empezar, el mercado de fichajes, del que no habíamos sabido nada hasta entonces, estaba planteado como una especie de procedimiento interno con dinero ficticio.

En primer lugar, cada equipo tenía que asignar un valor a cada uno de sus jugadores, hasta un máximo que hiciera un total de 300 millones de euros para todo el equipo. Después, cada presidente recibía 100 millones y se abría el mercado para comprar jugadores.

Aquello nos perjudicó mucho. Habíamos hecho un *draft* increíble para formar aquel equipo al inicio de temporada, pero, ahora, tres meses después, nos quitaron a casi todos los jugadores que fichamos. Solo pudimos quedarnos con uno de los miembros originales de El Barrio.

Después, añadieron la norma del jugador número 13, que nos venía igual de mal que la del jugador 11 o 12. Estábamos en las mismas: los equipos más poderosos podían traer mejores jugadores desde fuera de la liga.

Era un poco injusto, la verdad. Más adelante se darían cuenta de ello y limitarían lo que se podía pagar a cada jugador que no fuera miembro del *draft*. Pero aquello sería después..., en aquel segundo *split* nos vimos en desventaja.

Aun así, llegamos de nuevo a la final. Estuvimos a punto de ganar otra vez..., pero, finalmente, no lo conseguimos.

Eso fue lo que ocurrió en la Kings League, pero aquel segundo *split* —que empezó en abril de 2023— se jugó en paralelo con el primero de la Queens League, la versión femenina del campeonato.

Bastante difícil me había resultado gestionar un solo equipo, así que, cuando me vi en la tesitura de manejar dos, no dudé un instante antes de pedir ayuda a una agencia de mujeres deportistas que conocía desde hacía tiempo y que me vino de maravilla para hacer la selección del *draft*.

Quedamos los terceros en la clasificación de la Queens y, en verano, llegó la Prince Cup, con otra versión de El Barrio formada por niños y niñas de entre nueve y once años.

En septiembre de 2023 llegaría la Kings Cup, un formato en el que tenía más importancia la fase eliminatoria. Y en noviembre de 2023, como colofón para un año lleno de novedades, se celebraría la Kingdom Cup, con equipos mixtos de hombres y mujeres.

IMPARABLE

El proyecto no ha parado de crecer y de expandirse. En octubre de 2023 se presentó la Américas Kings League, que se jugará en América Latina y tendrá participantes de un montón de países. Es de esperar que en el futuro se abrirán nuevas ligas en otras partes del mundo y, más adelante, seguramente, se organizarán competiciones a nivel mundial.

Sería increíble llegar a ver a El Barrio participando en un torneo internacional.

Lo que empezó pareciendo una idea imposible de realizar ha acabado por convertirse en un fenómeno imposible de parar.

Y, mientras tanto, yo sigo tratando de mantener el listón bien alto y de enfrentarme a los nuevos retos con el mejor espíritu. Hay cosas que ves llegar con antelación y te da tiempo a prepararte para ellas; otras, sin embargo, surgen inesperadamente.

Recuerdo, por ejemplo, el momento en el que entré en el vestuario después de haber perdido la final de la Kings League en el segundo *split*. Me encontré con todos los jugadores cabizbajos y, de repente, me di cuenta de que esperaban que les dirigiera unas palabras de ánimo. Sentí una enorme responsabilidad. No recuerdo exactamente lo que dije... Traté de transmitir mi sensación; la de haber llegado muy lejos y estar orgulloso de ellos. No se puede quedar siempre en primer lugar, pero eso tampoco significa que estés obligado a sentirte como un perdedor.

Una sola derrota no borra las victorias anteriores.

Lo importante, sin duda, es no dejar nunca de trabajar, incluso cuando tienes la sensación de que lo que estás haciendo no está sirviendo para nada. No puedes dejarlo, porque nunca sabes en qué momento va a dar la vuelta tu suerte o va a llegar esa llamada o ese mensaje que no esperabas, para hacerte una propuesta en la que ni siquiera habías pensado.

No importa cuántas veces hayas fallado o cómo de bajo hayas caído. No importa que no hayan contado contigo para un evento importante, o que te hayas quedado sin entrada para el que parece el acontecimiento más importante de tu vida o que hayas fallado varios penaltis y la gente te señale como el que falla siempre.

Todo eso da igual. Tienes que seguir poniéndole ganas.

No sirve de nada quedarse esperando a que alguien venga a ofrecerte una oportunidad; hay que salir a buscarla, o intentar generar tus propias oportunidades. Las derrotas son una parte del camino.

Y este solo acaba de empezar...